KB159325

괜찮은
정치인
되는
법

괜찮은 정치인 되는 법

정치는 이렇게— 정치를 소명으로 삼고자 하는 사람들을 위한 성공 지침서

초판 1쇄 발행 2024년 3월 20일

지은이	브라이언 C. 해거티
옮긴이	박수형
펴낸이	이영선
책임편집	김선정
편집	이일규 김선정 김문정 김종훈 이민재 이현정
디자인	김회량 위수연
독자본부	김일신 손미경 정혜영 김연수 김민수 박정래 김인환

펴낸곳 서해문집 | 출판등록 1989년 3월 16일(제406-2005-000047호)
주소 경기도 파주시 광인사길 217(파주출판도시)
전화 (031)955-7470 | 팩스 (031)955-7469
홈페이지 www.booksea.co.kr | 이메일 shmj21@hanmail.net

ISBN 979-11-92988-46-7 03340

괜찮은 정치인 되는 법

정치는 이렇게 ―
정치를 소명으로 삼고자 하는
사람들을 위한 성공 지침서

브라이언 C. 해거티 지음
박수형 옮김

서해문집

일러두기
각주는 모두 옮긴이의 주다.

나의 두 증조할아버지 찰스 카렐라Charles Carella와 욘 E. 구이데티 John E. Guidetti, 그리고 내 할아버지 니콜라스 A. 카렐라Nicholas A. Carella에게 이 책을 바친다. 이분들의 유산은 정치적으로나 개인적으로나 지금의 나와 내가 하는 일에 큰 영감과 도움을 주었다.

이런 속담이 있다. "중요한 건 당신이 무엇을 아느냐가 아니라 누구를 아느냐다." 정치라는 굉장한 게임이 딱 그렇다. 정치는 관계, 연합, 영향력, 권력을 둘러싼 활동이다. 이 일은 책략으로 가득 차 있어 마치 체스를 두는 것처럼 느껴지기도 한다. 정치 세계에서는 당신이 어딘가로 나아가려면, 그러니까 공직을 추구하거나 이른바 선수가 되고 싶다면, 친구나 동지가 있어야 한다. 정치 활동에서 권장받는 태도는 다른 사람들과 공유할 만한 입장, 견해, 이익을 찾으려 노력하는 것이다. 그런 자세를 가진 사람들은 좀 더 큰 그림을 볼 수 있고, 서로를 이어주는 다리라면 불태울 것이 아니라 만드는 것이 훨씬 더 중요함을 알고 있다.

당신이 정치 세계에서 어떤 역할을 맡든 진정으로 성공하고 싶다면, 모든 사람에게는 그들 나름의 관심사와 그 관심사에 대한 자기만의 생각이 있음을 이해해야 한다. 대다수 사람들에게 그것은 자신이 가장 많은 열정을 쏟아붓는 이슈일 것이다. 반면 어떤 사람들에게 그것은 엄밀한 의미에서 비즈니스 같은 것일 수 있다. 정치에서도 이 두 지점을 잇는 가장 빠른 길은 직선이다. 따라서 다른 사람들이 추구하는 것에 개방적인 태도를 취하는 것이 매우 중요하다. 명민한 정치적 두뇌를 가진 이들은 자기 목표를 향해 일하면서도 다른 사람들이 목표를 성취하도록 도우며, 의미 없는 드라마나 불필요한 싸움은 피하고자 한다.

당신의 정치적 성향이 어떻든 다른 입장을 가진 모든 사람과 친하게 지내는 것이 최선이다. 롤링 스톤스의 노래 가사처럼, 언제나 당신이 원하는 걸 가질 수는 없다. 하지만 게임의 규칙을 알고 그에 따라 플레이를 한다면, 다른 사람보다 훨씬 더 많은 것을 얻을 수 있다. 정치 세계에서 가장 오래 버티며 가장 크게 성공한 이들은 무언가를 얻기 위해서는 무언가를 주어야 한다는 걸 잘 아는 사람들이다. 동의를 구하고 합의를 이뤄내야 한다. 우리가 늘 이기는 편에만 있을 거라고 기대할 수는 없다. 우리가 늘 받는 편에만 있을 거라고 기대할 수도 없다. 정치는 주고받는 활동이다.

우호적이고 개방적인 데다 그런 명성이 널리 알려져 있다면, 당신은 대부분 유리한 위치에 있을 것이다. 당신이나 당신 편 사람이 공직에 있지 않을 때도 그렇다. 사실 기성 집단establishment이란 이런 사람들을 두고 일컫는 말이다. 정치 세계에서 기성 집단은 워싱턴에만 있는 것이 아니다. 기성 집단은 정부의 모든 수준, 즉 주state와 카운티county, 마을에도 자리 잡고 있다. 기성 집단의 구성원들은 대개 일정한 영향력을 갖고 있다. 그들이 상당 기간 동안 관계와 명성을 쌓아왔기 때문이다. 어느 정당, 어떤 세력이 집권하든 관계없이 정치 세계에서 오랫동안 살아남는 사람들이 성공하는 이유는 정치 노선에 구애받지 않고 모든 이들과 좋은 관계를 형성하고 유지하기 때문이다.

이렇게 좋은 뜻을 담아 말하더라도 정치, 특히 정치인이 일반 시민들에게 높은 평가를 받는 경우는 드물다. 정치라는 말 자체도 대개는 부정적 의미로 통용된다. 정치인이 부패했다거나 비리에 관여했다는 얘기는 날이면 날마다 여기저기서 튀어나온다. 정치인으로 성공하는 데는 다른 사람들과 좋은 관계를 맺는 것이 필수적이지만 그것만으로는 부족하다. 그 외에 무엇을 해야 하는지도 알아둘 필요가 있다. 대중적 신뢰의 중요성도 인식하고 있어야 하고, 좀 더 큰 공익에 헌신하는 마음가짐도 갖추고 있어야만 한다.

정치인도 인간이다. 그렇기에 그들에게도 결점이 있다. 하지만 우리는 우리 자신의 이미지에 주의를 기울이며 관리할 수 있는 능력을 갖고 있다. 성공한 정치인의 여러 행태를 설명하면서 내가 늘 염두에 두는 생각은, 우리가 유능한 지도자와 효과적으로 작동하는 건강한 정부를 가지려면, 지금보다 더 많은 '좋은' 정치인이 필요하다는 것이다. 이 책에서 다루는 인간관계에 관한 기술은 분명 당신이 정치인으로 성공하는 데 도움을 줄 것이다. 그러나 당신이 최고의 인물이 되고, 품위와 품격을 갖추고, 다른 사람의 모범이 되느냐 마느냐는 결국 정치인인 당신의 선택에 달려 있다. 달리 말해, 당신은 외관상으로 여러 가지 스타일을 취할 수 있지만, 시민들이 선출직 정치인에게 바라는 역할과 과제를 제대로 수행하기 위해서는 포장지 안의 내용물 또한 중요하게 고려해야 한다는 것이다.

4년 전 나는 선출직 정치인을 그만두고 다른 사업에 집중하기로 결정했다. 그러나 공직자로서 일하는 정치는 떠났더라도 정치가 나를 떠난 적은 없다. 정치는 나의 DNA 속에 깊이 새겨져 있다. 내 가족의 정치적 뿌리는 130여 년 전 뉴욕 시에 살았던 고조할아버지로 거슬러 올라가며, 집안 대대로 가깝거나 먼 수많은 친척이 지역부터 전국 수준까지 정치권에 몸담았거나 지금도 그러고 있다. 그래서 나는 늘 정치적 렌즈를 통해 세상을 바라본다. 나는 정치라는 게임의 규칙을 잘 알고 있으며, 여러 수준에서 그 130여 년의 혜택을 누리고 있다.

나는 뉴저지주 출신이다. 그래서 내 경험과 관점도 출신 지역의 영향을 많이 받았다. 이 책의 초점 또한 대부분 지역 정치에 맞춰져 있다. 그 이유 중 하나는 지역 단위에서 활동하는 정치인이 다른 어떤 단위보다 훨씬 더 많기 때문이다. 전설적인 연방 하원의회 의장 팁 오닐Tip O'Neill이 "모든 정치는 지역 정치"라고 말한 것도 다 이런 경험, 관점, 규모의 의미를 고려한 데서 나왔을 것이다. 대다수 정치인은, 그 사람이 얼마나 높은 공직에 오르든, 지역의 공직에서부터 정치를 시작한다. 여기서 내가 말하는 지역 공직이란 도시나 카운티, 자치구나 마을 운영과 관련된 직책을 뜻한다.

이를 수치화해보면 다음과 같다. 연방정부 수준의 선출직 수는 모두 537개다. (이것은 대통령과 부통령 각 1명, 연방 상원의원 100명, 연방 하원의원 435명을 합한 수치다.) 그러나 전국적으로 지역 수준의 선출직 수는 무려 50만 개가 넘는다. 이 책은 그 50만 개의 공직을 맡고 있거나 맡을 사람들을 위한 것이다.

> "모든 세상이 무대라네. 그러니 모든 사람들도 배우일 뿐이지." 윌리엄 셰익스피어

정치 또한 연극이다. 연극은 이미지와 인식의 조합이다. 나는 무대 뒤편에서 주로 기업 임원과 사업가, 정치인들에게 이런저런 전술과 기술을 가르치고 있지만, 내가 가진 경험과 노하우는 권력과 영향력을 행사하는 모든 직위의 사람들에게도 적용할 수 있다고 생각한다. 이 책은 공직에 출마하려는 사람, 이미 공직을 맡고 있는 사람, 정치에 관여하고 있는 사람, 그리고 그저 호기심이 많은 사람들을 위해 간단한 충고부터 체계적인 설명까지 여러 가지 조언들로 구성되어 있다. 이런 것들은 일종의 보편적인 원칙으로, 당신이 정치 세계에서 성공하는 데 도움을 줄수 있다. 나는 회전문 드나들듯 정치 세계를 왔다 갔다 하는 사람들을 많이 봐왔다. 하지만 진정으로 성공하는 정

치인은 현명하게 행동하며 장기전에 집중하는 사람들, 즉 훌륭한 스타일과 내용과 인격을 갖춘 사람들이다.

이 책에서 선거운동에 관한 논의는 일부러 생략했다. 좀 더 정확히 말하자면, 이 책은 인격의 중요성을 각인시키고 싶은 바람과 함께, 좀 더 멋지고 좀 더 성공적인 정치인이 되는 방법을 알려주고자 하는 의도를 담고 있다. 정치인에 대한 평가가 지금보다 나아지려면, 정치인이 좋은 정치를 실천해야 한다. 이것이 좋은 정부의 토대다.

루 스텔라토Louis J. Stellato는 내 친구이자 오랜 정치적 멘토로, 뉴저지주 버건 카운티의 민주당 의장을 맡고 있다. 그에게서 선출직 공직자들에게 위와 같은 주제로 강의를 해달라는 요청을 받았을 때, 이 책을 쓸 때가 왔음을 알게 되었다. 희망컨대, 이 책이 정치라는 놀라운 세계와 그 게임에 참여한 정치인들에 대해 독자들의 두 눈을 크게 키워주면 좋겠다. 여기에 담은 원칙들을 기꺼이 배우고 정치 활동에 적용해 항상 지키고자 한다면, 분명 당신에게 큰 도움이 될 것이다.

좋은 사람이
되는 기술

"정치는 사람에 관한 일이다. 당신을
좋아하는 사람이 많으면 많을수록 당신의
평판도 좋아지며, 정치 세계에서 당신을
지지하고 이끌어줄 힘도 커질 것이다."

성공하고 싶은 정치인은 좋은 사람이 되는 기술을 갖춰야 한다. 솔직히 말하면, 나는 이 탁월한 인간관계 기술을 꼭 익히라고 강권하고 싶다. 당신이 만나는 모든 사람은 언젠가는 투표자나 자원봉사자, 지지자나 세력가 혹은 기부자가 될 수 있다. 그리고 이 사람들은 모두 각자 다른 사람들과 얘기를 나누고, 그 다른 사람들은 또 다른 사람들과 얘기를 나누며, 그 또 다른 사람들은 또 또 다른 사람들과 얘기를 나눌 것이다. 마치 예전 파베르제 유기농 샴푸 광고에서 사람들이 그랬듯이 말이다. 인간관계 기술을 열심히 갈고닦아 사람들에게 큰 호감을 얻을 만한 수준에 이르게 되면, 당신의 인기와 명성, 교우 관계도 기하급수적으로 커질 것이다. 그러지 못하면, 그 어떤 것도 얻을 수 없다. 이것은 단순하고도 자명한 진리다.

당신이 무척이나 자존심 강한 사람일지도 모르겠다. 그렇더라도 나는 당신이 그런 자존심을 다스리며 인간관계 기술을 활용해 사람들이 당신을 따르고 당신에게 충성하도록 만들 줄 알기를 바란다. 정치는 사람에 관한 일이다. 당신을 좋아하는 사람이 많으면 많을수록 당신의 평판도 좋아지며, 정치 세계에서 당신을 지지하고 이끌어줄 힘도 커질 것이다. 따라서 좋은 정치인이 되는 방법론에는 좋은 사람이 되기 위한 인간관계 기술을 배우는 기본 교육과정이 반드시 포함되어야 한다. 그것은 당신이 정치인으로 활동하는 데 큰 도움을 줄 것이다.

자기 인식

자기 인식은 당신이 이 책을 읽으면서 계속 마주하게 될 주제다. 자기 인식은 자기 개선의 토대다. 자신을 제대로 알지 못한다면, 자신에게 어떤 문제가 있는지, 고쳐야 할 점이 어디에 있는지, 즉 연설 태도인지 옷차림이나 몸가짐인지 아니면 당신이 드러내는 전반적인 이미지인지 모를 것이다. 자기 인식은 우리의 인격, 그리고 우리가 가진 좋거나 나쁜 습관으로 이어지기도 한다. 의심할 여지 없이, 내가 알고 지낸 모든 성공한 정치인은 자기 인식에서 뛰어난 면모를 보여주었다. 실제로 고도의 자기 인식 능력은 유명 인사와 스타 가수, 그리고 저명한 정치인에게 공통된 특징이다. 그들 모두는 높은 수준의 자기 인식 능력을 갖췄으며, 그것을 바탕으로 오랜 기간 동안 자신을 좀 더 나은 사람으로 개선하기 위해 노력했다.

아주 드문 경우를 제외하면 누구나 효과적인 대인관계, 사회관계 기술을 배우고 익힐 수 있다. 여기에 필요한 건 바람과 연습밖에 없다. 연습이 필요한 이유는 다른 모든 기술과 마찬가지로 이 기술 또한 새로운 행태를 의식적으로 반복해야 습관으로 자리 잡기 때문이다. 당신이 어떤 행태를 반복하면 할수록 그것은 당신에게 습관이 되고, 또 그만큼 그 행태에 대해 의식적으로 생각할 필요도 줄어든다.

가장 좋은 출발점은 당신 자신을 샅샅이 평가해보는 것이다. 이를 위해 별도의 개인 코치 또는 대인관계나 커뮤니케이션 기술에 경험 있는 사람을 곁에 두는 것이 좋다. 동영상 촬영을 통해 자신을 비평해보는 방법도 있다. 하지만 동영상을 활용할 때도 개선할 필요가 있는 여러 문제를 지적하는 코치나 전문가의 건설적 비판을 수용해야 할 것이다.

다음 내용은 내가 강의에서 활용하는 연습 사례다. 이 연습은 본인이 바라보는 자신과 다른 사람이 바라보는 자신 사이의 차이를 좀 더 잘 이해하도록 도움을 주기 위해 고안된 것이다. 많은 이들이 이 연습을 통해 놀라운 경험을 했다고 한다.

자기 인식 개발을 위한 연습

빈 종이를 준비하고 자신을 설명하는 데 사용할 단어 목록을 작성하세요. 듣기 좋은 말만 쓰지 마시고, 비판적인 관점을 취하기 바랍니다. 좋은 점과 나쁜 점, 심지어 추악하다고 생각하는 점까지 모두 적으세요. 당신이 습관적으로 지각하는 사람이라면, 그것도 쓰세요. 인내심이 부족하다고 느낀다면, 그것도 쓰세요.

그렇게 목록을 완성한 후에는 당신과 가장 가까운 사람들,

가족, 친구, 직장 동료에게 찾아가세요. 그리고 그들에게 당신을 설명하는 데 사용할 단어 목록을 작성해달라고 부탁하세요. 여기서 빠뜨리지 말아야 할 것이 있습니다. 그들에게 지금 당신이 자기 인식 연습을 하고 있으니 최대한 정직하게 써달라고 요청하세요. 이 지침은 중요합니다. 제대로 지켜지지 않으면 이 연습이 아무런 효용도 가질 수 없기 때문이죠. 이것만 봐도 성공하고 싶은 정치인은 건설적인 비판을 수용할 줄 알아야 한다는 걸 느낄 수 있죠. (누구나 가지고 있게 마련인) 개인적인 결점에 대해 개방적인 태도를 보이지 못한다면, 당신은 듣고 싶은 얘기만 듣게 될 겁니다. 그러면 결국 당신은 작은 정치적 울타리 안에 갇혀 살게 되고, 다른 사람들뿐 아니라 자신과도 단절되며, 정치판에서도 오래 버티기 힘들 겁니다.

당신이 작성한 것이나 다른 사람이 당신에 대해 작성한 것을 또 다른 누군가와 공유할 필요는 없습니다. 이건 오로지 당신을 위한 연습입니다. 다른 사람이 작성한 내용과 그들의 당신에 대한 인식을 읽다 보면, 당신이 전혀 예상치 못했던 것을 발견하고 깜짝 놀랄 수도 있을 겁니다. 그것이 당신에게 필요한 내용입니다. 그것이 자기 인식을 익히고 자기 개선 과정을 시작하는 길입니다.

당신이 행한 것, 말한 것, 다른 사람과 함께한 것에 대해 매일매일 스스로 성찰해보세요. 당신과 다른 사람이 쓴 메모지를 안전한 곳에 보관해두세요. 아마 당신은 그걸 꽤 자주 참고하고 싶어 할 겁니다. 또한 당신 인생에서 믿음을 주었던 사람들에게 찾아가 이 연습을 한 번 더 하게 해달라고 부탁하고 싶은 마음도 생길 겁니다. 그들의 피드백으로 당신의 개인적 결점이 개선되기 시작한다면, 당신은 이 연습을 완벽하게 수행하고 있는 겁니다.

나중에 책 후반부에서 나는 자기 성찰과 명상의 필요성뿐 아니라 그런 연습이 당신의 행태를 인식하고 변화시키는 데 어떤 도움을 주는지 좀 더 자세히 살펴볼 것이다. 다만 여기서 강조하고 싶은 점은, 매일매일 시간을 내어 자기 행동의 결과를 성찰해보라는 것이다. 그렇게 자신을 성찰하면서 좀 더 나은, 좀 더 뛰어난 정치인이 되기 위해, 품격과 품위와 탁월함을 갖춘 사람으로 발전하기 위해 당신이 의식적인 노력을 기울이고 있는지 자문해보면 좋겠다.

자기소개와 대화 나누기

모든 관계, 친교, 모임은 두 사람이 서로 만나 자신을 소개하는 데서 시작된다. 이것이 정치의 출발점이다. 그리고 첫인상은 모든 관계의 기본이 될 만큼 중요하다. 자기소개는 학교에서 배우는 것이 아니다. 일반적으로 사람들은 다른 사람을 관찰하거나, 아니면 모범으로 삼은 사람이나 개인 코치 혹은 시행착오를 통해 자신을 소개하는 법을 배운다. 그럼에도 보통 사람들이 자기소개에 담긴 세부 사항과 미묘한 뉘앙스까지 알고 있을 거라 기대하기는 어렵다. 다음은 자기소개를 위해 배우고 연습해야 할 주요 사항을 단계별로 정리한 것이다.

- 자세를 바르게 하고, 똑바로 서서, 미소를 지으며, 상대방의 눈을 쳐다보라.
- 스마트폰은 들고 있지 마라. 손에 스마트폰이 있으면 지금 만나고 있는 사람보다 스마트폰을 더 보고 싶은 유혹을 떨치기 어려울 것이다.
- 상대에게 다가가 오른손을 뻗어라. 그리고 오른발을

앞으로 향한 채 악수를 시작하라.

- 그렇게 악수를 하면서 상대방 눈을 보며 자신을 소개하라. 이름을 상대가 쉽게 알아들을 수 있도록 큰 소리로 분명하게 말하라.

- 악수할 때는 상대방 손을 느슨하지 않게 단단히 쥐어야 한다. 그렇다고 너무 꽉 쥐어서는 안 된다.

- 악수는 평등하게 해야 한다. 손이 바닥과 수직이 되도록 하고, 손바닥이 아래나 위를 향하도록 해서는 안 된다.

- 상대방 손을 움켜쥔 다음 아래위 10센티미터 정도로 서너 차례 흔들고 나서 손을 놓아라.

- 상대방이 자기 이름을 말할 때, 당신도 그 이름을 따라 말하는 걸 잊지 마라. 사실 사람들은 대부분 상대방 이름을 듣고도 금방 까먹는다. 이름 말고도 그 사람에 대해 신경 써야 할 것이 많다 보니 이름은 어느새 잊어버리고 마는 것이다.

- 상대방 이름을 떠올리게 하는 정신적 연결고리 같은 것을 만들어 그것을 대화 전반에 걸쳐 계속 활용하라.

- 상대방을 위한 사적 공간은 남겨둬라. 그런 공간을

열어 보여주는 대상은 극히 소수일 뿐이기 때문에, 당신이 그 사적 공간을 침입하더라도 그들은 당신에게 알리지 않고 그저 뒤로 물러날 것이다. 이것을 재빨리 눈치채고 물러난 상대에게 더 다가가려 하지 마라. 상대방과 적당한 거리를 유지하라.

- 당신 몸이 상대를 향하도록 하라. 그 몸에는 당신의 발도 포함된다. 발도 상대를 향하도록 하라. 손은 호주머니에 넣지 말고 상대가 볼 수 있게 하라.

- 상대방에 대한 간단한 질문, 이를테면 고향은 어딘지, 직업은 무엇인지 물어보는 것으로 대화를 시작하라.

- 질문을 하면서 상대방과 공통점을 찾으려고 노력하라.

- 절대로, 강조하건대, 절대로 대화를 독점하려 들지 마라. 이것은 대부분의 사람들이 저지르는 가장 큰 잘못이다.

- 늘 상대방이 누구인지, 무슨 일을 하는지 더 많은 관심을 보여라. 서로가 서로를 모르기 때문에 상대가 대화를 독점할 수도 있다. 하지만 당신은 그가 하는 모든 말이 흥미로운 척하는 것이 좋다.

• 대화를 끝내야 할 때가 오면 이렇게 말하라. "아, 이제 당신 시간을 더 이상 뺏으면 안 되겠네요. 하지만 만나 뵙게 되어 정말 즐거웠습니다. 다음에 또 만나서 얘기 나누면 좋겠어요."

이런 지침이 꽤 고지식하게 느껴질 수도 있겠다. 하지만 그 이면에서는 엄청나게 많은 일이 진행된다. 당연한 말이지만, 당신은 정치인이기에 남들보다 훨씬 더 많은 대화에 참여해야 할 것이다. 그런 대화가 모두 흥미롭거나 유익한 것은 아니다. 하지만 당신은 마음대로 자리를 뜰 수 있는 보통 사람과 달리 예의를 갖출 필요가 있다. 경청하는 법도 배워야 한다. 뒤에서 다시 다루겠지만, 사실 경청은 가장 중요한 커뮤니케이션 기술이다. 당신이 경청하지 못한다면, 다른 사람이 무엇을 원하는지, 무엇을 말하려 하는지 알 수 없다. 듣는 사람은 많지만 경청하는 사람은 드물다.

당신 자신의 삶과 당신이 만나보고 곧바로 좋아하게 된 사람들을 생각해보라. 만나자마자 바로 빠져드는 사람들의 매력은 무엇일까? 당신도 그들 대다수가 가진 공통점을 알게 될 것이다. 그 공통점이란 미소, 호감, 강력한 에너지, 그리고 상대방(당신 자신)을 중요하고 가치 있는 사람이라 여기게 만드는 능력 같은 것들이다. 이런 자질은 누구나 집중하고 노력하기만 하면 배우고 익혀서 자기 인격의 한 부분으로 만들 수 있는 것들이다.

악수와 자기소개에서 가장 중요한 목적은 좋은 인상을 남기는 것이다. 달리 말해, 당신이 다가가기 쉽고 친근하며 다른 사람의 삶과 생각에도 관심을 기울이는 사람, 상대방의 사적 공간 같은 것도 유의할 줄 아는 사람이라는 좋은 인상이 오래가도록 해야 한다. 나는 수강생이나 학생들과 함께 위의 사례들을 가지고 역할극을 할 때 늘 이렇게 질문하곤 한다. "당신은 당신에게 자신감과 함께 편안하고 안전한 느낌을 주는 사람들과 함께하기를 바라나요?" 답은 자명하다. 이런 것들이 사람들이 추구하는 목표다.

잊지 말기 바란다. 당신은 공적 인물이다. 어떤 상황에서든 어떤 사람이든 잘 다룰 수 있도록 끊임없이 인격을 갈고닦아야 하는 이가 바로 당신이다. 그 상황이 좋을 수도 나쁠 수도 지루할 수도 있다. 그렇다. 사실 당신이 대면하는 상황은 지루한 경우가 더 많다. 그러나 영화 〈대부Ⅱ〉에 나오는 하이먼 로스를 인용해 말하자면, "이게 우리가 선택한 일이다."

만난 사람은 기록하고 기억하라

당신이 만난 사람과 말한 내용을 일기 혹은 일지 형식의 문서나 컴퓨터 파일로 기록해두면 좋다. 만난 사람의 가족 행사나 특기, 재능, 질병같이 개인적인 일들을 기억해두는 것도 필요하다. 그 사람을 다시 만났을 때 이런 얘기를 하면, 그들은 자신에게 중요한 것을 당신도 기억한다는 사실에 깜짝 놀라며 큰 영광으로 받아들일 것이다. 사람들이 존중받고 있음을 더 많이 보여주면 보여줄수록, 그들과 당신의 관계는 더 좋아지고, 그들을 대표하고 통치하는 일도 더 효과적으로 할 수 있을 것이다.

감정적 연결고리
만들기

감정적 연결고리와 그것이 청중에게 미치는 영향은 연설 방법을 다루는 4장에서 좀 더 상세히 설명할 것이다. 다만 그전에 누군가와 만날 때면 항상 그 사람이 살아온 삶의 어떤 측면이나 그의 목표, 꿈, 포부 등과 관련된 연결 지점을 찾고자 노력해야 한다는 점을 일러두고 싶다.

감정적 연결고리는 그 어떤 것보다 훨씬 더 오래 지속될 수 있다. 상황과 맥락에 따라 감정이 이성보다 더 큰 영향을 미치기도 한다. 바로 이런 이유 때문에 분열 조장을 정치적 무기로 활용하는 사람들이 늘 사실보다 감정을 더 적극적으로 활용하는 것이다. 일단 누군가와 중요한 것을 공유하는 깊은 감정적 유대가 형성되고 나면, 당신과 그 사람의 관계는 매우 돈독해지며 단순한 지인 관계 이상의 가치와 의미를 갖게 될 것이다. 정치인으로서 당신이 누군가를 더 많이 알면 알수록 점점 더 그들에게 인간미를 느끼게 되고, 당신이 그들을 인간으로 대할 가능성도 그만큼 더 높아진다.

진짜가
돼라

안타깝게도 정치인은 종종 가짜 취급을 받거나 진정성을 가장한 사람으로 평가받곤 한다. 진실은 누구도 알 수 없겠지만, 당신이 자신만 생각하며 산다고 보기는 어려울 것이다. 나로서는 그저 당신이 그렇지 않기만 바랄 뿐이다. 하지만 정치인으로서 당신은 다른 사람의 인간성을 지켜주며 그들을 위해 올바른 일을 함으로써 그런 오명을 줄이거나 제거할 능력을 갖고 있다. 당신이 겸손한 봉사자 역할을 잘 수행한다면, 보통 사람들의 정치인에 대한 생각을 바꾸는 데도 크게 이바지할 것이다.

나는 과거의 경험을 통해 정치 영역에도 정말로 진실되고 좋은 사람이 많다는 사실을 알고 있다. 미꾸라지 한 마리가 온 웅덩이를 흐리는 경우가 많다. 그리고 정치에 대한 나쁜 인식은 대개 제도적인 것이며 수십 년 이상 그래왔던 것이다. 하지만 미래는 우리가 지금 하는 일에 따라 달라질 수 있고, 또 그래야만 한다.

✦

첫인상은 새로운 사람과 사귀거나 관계를 맺을 때 결정적으로 중요한 자산이다. 당신의 말이나 행동에서 다른 사람이 어떤 느낌을 받는지 알게 되면, 당신은 뛰어난 인간관계 기술을 익힐 수 있다. 말할 것도 없이 그것은 성공을 바라는 정치인에게 꼭 필요한 덕목이다. 하지만 좋은 첫인상을 주는 것 외에도 다른 많은 자질을 갖춰야 한다. 다음 장에서는 그런 자질들 가운데 일부를 살펴볼 것이다. 그전에 다음과 같은 정치의 원칙들을 기억해두면 좋겠다.

- 사람들은 자신에게 좋은 느낌을 주는 사람에게 투표할 가능성이 매우 높다.
- 사람들은 감정에 따라 투표할 가능성이 높다.
- 사람들은 대체로 어떤 사람을 지지해서가 아니라 반대해서 투표장으로 나갈 가능성이 높다. 그래서 호감을 얻는 게 특히 중요하다.
- 사람들은 자신에게 지지를 요청하고, 자신이 중요한 존재라고 느끼게 해주는 사람에게 투표할 가능성이

훨씬 더 높다.

- 사람들은 모르는 사람보다 아는 사람에게 투표할 가능성이 더 높다.

- 좋은 모든 것들을 몸소 실천하고, 동료들 사이에서 믿음직스럽다는 확고한 평판을 계속 유지할 수 있도록 노력하라.

성공하는 정치인의
10가지 습관

"나쁜 자만심이 당신을 방해하지 않도록
하라. 지금 당신이 있는 자리까지 가도록
밀어주고 끌어준 사람들의 노고를
기억하고, 인정하고, 감사하는 것을
잊지 마라."

여기서 제시하는 10가지 원칙이 정치 세계에서 성공하는 방법을 모두 아우른다고 말할 수는 없다. 하지만 성공한 정치인은 모두 어떤 식으로든 이들 원칙을 따랐다. 내 경험과 관찰에 비춰 보건대, 이런 원칙에 충실한 사람들은 정치 세계에서 가장 많이 승리했고, 가장 오래 살아남았으며, 가장 큰 영향력을 발휘했다.

1. 항상 얼굴이라도
내비치라

정치의 98퍼센트는 사람들이 모인 곳에 얼굴이라도 내비치는 데 있다. 이것은 보통 사람들의 삶과 별반 다르지 않다. 성공한 정치인이 되고 싶다면, 자기 모습을 보여줄 필요가 있다. 그것도 가능한 한 많이 말이다. 정치 세계의 비밀 가운데 하나는, 사람들은 직접 만나서 함께한 사람에게 투표할 가능성이 훨씬 더 높다는 것이다. 비록 그 행사장에 오래 머물러 있지 않더라도, 사람들은 당신이 바쁜 와중에도 시간을 내어 찾아와 주었다는 사실에 늘 고마워할 것이다.

초대에 감사하는 것도 절대 잊지 마라. 어떤 행사에 우편이나 이메일로 초대장을 받았다면 항상 그 초대에 답하도록 하라. 이것은 정치인들이 극단적으로 소홀히 하는 분야다. 참석할 수 없다면 전화나 편지로 알려주고, 초대해줘서 고맙다는 말을 반드시 하라. 누군가의 초대에 감사하며 그들에게 존경의 뜻을 표하는 순수한 행동은 정치 세계에서도 큰 도움을 준다. 그리고 그런 행동은 결코 쉽게 잊히지 않을 것이다. 다른 사람들과 달리 항상 답신을 보내라. 사람들은 당신에게 이런 일을 기대한다!

2. 언제든 쉽게 만날 수 있는 사람이 돼라

성공한 정치인은 누구나 쉽게 찾아와 만날 수 있는 사람이다. 사람들이 당신에게 찾아가도 괜찮다는 것을 안다면, 그들은 당신에게 투표할 것이다. 이것 또한 일종의 기술이다. 몇몇 정치인은 전화나 이메일, 문자 메시지 등에 답하는 것을 끔찍이도 싫어한다. 그러나 모든 소통 매체는 그것이 아무리 사소하더라도, 당신이 접근

성과 신뢰성에서 높은 점수를 얻고 또 유지하는 데 중요한 수단이다. 어떤 종류의 메시지든 그것에 답하지 않는 모습은 무례함의 징표로 보일 수 있다. 정치권에는 전화 요청에 답하지 않고 다른 사람의 걱정거리에도 관심을 두지 않는 사람이 많다. 하지만 그런 정치인들도 당신을 필요로 할 때는 당신이 곧장 전화해주기를 바란다.

바쁜 것은 핑계가 될 수 없다. 누구나 다 바쁘다. 그래서 전화나 다른 소통 매체 메시지에 신속하게 응답하기 위해서는 시간을 좀 더 잘 활용하는 법을 배워야 한다. 그러면 우리가 맡은 일을 잘하는 것뿐만 아니라 우리가 봉사하는 대중의 신뢰와 존중을 얻는 데서도 큰 진전을 이뤄낼 수 있다. 정치인들에게 붙어 다니는 오명은 이런 방식으로 조금씩 씻어낼 수 있다.

내가 아는 가장 바쁘고 중요한 정치인 가운데 한 명은 늘 적절한 시간에 응답 전화를 한다. 그는 항상 전화기를 세 개나 가지고 다니는데, 뉴저지주 버건 카운티의 민주당 의장 루 스텔라토 얘기다.* 내가 아는 한 그는 사람들이 가장 쉽게 만날 수 있는 정치인 가운데 한 사람이다. 내가 30대 중반에 그를 처음 알게 된 후로 그는 늘 모든 사람의 전화에 보통 수 시간 내로 응답 전화를 했다. 이 탁월하고도 성공적인 습관 덕분에 그는 자기 사업과 정치 활동 모두에서 큰 성과를 올렸다.

3. 지키기 어려운 약속은 하지 마라

약속을 지키지 못하는 것은 정치인뿐 아니라 많은 사람이 저지르는 가장 큰 잘못 가운데 하나다. 결국 우리 모두는 가족이나 친구, 동료 등이 언젠가 지키지 못한 약속의 피해자인 셈이다. 하지만 정치인에게 약속을 지키지 못한다는 것은 그의 평판을 고려할 때 치명적인 잘못이라 해도 과언이 아니다.

---

* 루 스텔라토는 미주 한인들 사이에서도 낯설지 않은 인물이다. 그는 8년간 린드허스트 시장을 역임한 후 한인 유권자가 많은 버건 카운티 민주당 의장으로 활동하면서 한인 시의원, 시장, 주의원 당선을 도운 것으로 알려져 있다.

정치인은 흔히 약속을 지키지 않는 사람으로 널리 알려져 있다. 하지만 정치인도 사람이라는 사실을 기억해주기 바란다. 그들도 다른 사람들처럼 잘못을 저지른다. 평범한 사람들도 수시로 약속을 하고, 또 어긴다. 따라서 정치인이 이 잘못된 행태를 처음 발명해냈다고 말할 수는 없다. 그럼에도 이런저런 이유로 약속을 어기는 일은 정치인의 전유물로 통하는 것 같다. 그래서 정치인이 헛된 약속을 하지 않는 법을 배우는 것은 매우 중요하다.

사람은 가능하면 늘 다른 사람들에게 인정받을 만한 것을 말하고 싶어 하는 강한 성향을 갖고 있다. 이것은 인간으로서 자연스러운 현상이다. 그때 그 사람의 의도는 선한 것일 수도 있다. 하지만 그런 말을 내뱉기 전에 잠시 멈춰, 다음과 같은 질문을 스스로에게 던져보아야 한다. 그렇지 않으면 당신 자신뿐 아니라 당신의 평판, 나아가 모든 정치인의 평판에도 큰 피해를 끼칠 수 있다.

- **이것은 내가 할 수 있는 일인가?**
- **이것은 올바른 일인가?**

- 이 약속을 지키는 데 방해가 될 만한 요인으로는 어떤 것들이 있는가?
- 나는 이 약속을 지킬 수 있는 시간, 자원, 노하우를 갖고 있는가?
- 내가 이것을 하고 싶어 하긴 하는가?
- 이 약속을 지킴으로써 영향을 받을 수 있는 다른 어떤 약속이 있는가?

이들 질문에 대한 답을 찾다 보면, 당신이 어떤 약속을 하는 것이 맞는지 그른지 판단하는 데 도움을 받을 수 있다. 그러나 위 질문 중 어느 하나라도 확신할 수 없다면, 그런 약속은 하지 않는 편이 좋다. 절대로, 반복해서 말하건대, 절대로 누군가의 표를 얻기 위해 지키지도 못할 약속을 하지 마라. 그러면 그 사람이 당신에게 화를 내는 결말로 끝나고 말 것이다. 거짓 약속으로 그 사람의 표를 얻을 수도 있지만, 결국 약속을 못 지키면 그 사람의 표도 지지도 잃어버릴 것이다.

항상 정직한 것이 좋다. 당신은 누군가에게 최선을 다

해 돕겠다고 자신 있게 말할 수 있다. 하지만 다음과 같이 말하는 것이 더 큰 존중을 얻을 수도 있다. "저는 제가 확신할 수 없는 것에 대해서는 당신에게 약속을 해드릴 수가 없습니다. 또 제가 확신할 수 있을 때까지는 약속하고 싶지도 않습니다."

이런 식으로 한다면 절대 실패하지 않을 것이다. 나중에라도 약속을 지킨다면, 당신은 그 사람(들)에게 영웅으로 받아들여질 것이다. 하지만 약속을 하고도 지키지 못한다면, 그 사람(들)은 당신을 전혀 존중하지 않을 것이다. 그리고 그렇게 한번 존중을 잃고 나면 신뢰 회복은 거의 불가능하다. 게다가 그 사람(들)은 그 일을 다른 사람에게 말하고, 그 다른 사람은 또 다른 사람에게 계속 말할 것이다. 우리가 힘을 모아 우리 공동체를 이끄는 정치인 리더들의 평판을 바꿔보자. 그 일은 우리 각자가 나서서 개별적으로 시작할 수 있다.

4. 늘 모두가 중요한 사람이라고
느끼게 하라

고액 기부자의 환심을 사는 것은 쉬운 일이다. 하지만 돈만 가지고는 선거에서 승리할 수 없다. 당선을 위해서는 유권자들에게도 관심을 기울여야 한다. 만약 당신이 스스로가 중요한 인물임을 널리 알리기 위해 공직에 출마하고 싶어 하는 종류의 사람이라면, 이것을 이해할 필요가 있다. 당신은 이미 그 직위상으로 중요한 인물이라는 것 말이다. 앞 장에서 논의했듯이, 당신의 일은 자신을 중요하게 만드는 것이 아니다. 당신이 해야 할 일은 다른 사람들로 하여금 자신이 중요하다고 느끼게 만드는 것이다. 결의문을 나눠주고 테이프를 커팅하고 그 외에 편지, 초대장, 크리스마스 카드에 답장을 보내는 것 등은 모두 유권자에게 개인적으로 다가가는 일일 뿐만 아니라, 그들에게 감사를 표하며 그들의 지지를 유지하는 일이다.

다시 한번 말하지만, 당신이 만난 사람을 모두 기록해두라. 그들의 생일, 중요한 개인사, 가족 중 아픈 사람 등을 메모해두고, 종종 연락해서 업데이트하는 것도 잊지 마라. 그렇게 하면 다른 정치인과 확실히 차별화되면서 사람들에게 사랑받을 수 있을 것이다. 성공한 정치인은 모두 이런 일을 한다. 그렇게 했기 때문에 성공했다고 말해도 틀리지 않을 것이다. 이런 일을 하는 데도 노력이 필요하다. 그리고 성공으로 가는 모든 위대한 일에는 노력이 필요하다.

사람들을 중요하게 대하는 습관의 중요성을 보여주는 작은 일화가 있다. 내가 아직 어렸던 스무 살 때 일이다. 나는 주 의회에 출마할 후보들을 영접하는 작은 정치인 모임에 참가했다. 출마자 가운데 한 사람이 우리 앞으로 다가와 한 명 한 명 악수를 청했다. 그런데 그 후보가 내 앞에 와서는 내 눈을 쳐다보지도 않고, 주변만 둘러보며 좀 더 중요한 다른 사람을 찾는 것이었다. 나와 악수를 하는 그 순간에도 그의 눈은 여전히 좀 더 중요한 다른 사람을 찾고 있었다. 결국 나는 바로 그 이유 때문에 그에게 투표하지 않았다.

5. 모든 것이 기록되고 있다고
생각하라

정치인이기에 당신이 하는 모든 대화, 통화, 서신이 기록될 것이라고 항상 생각하라. 전화 통화는 녹음되고 있다. 이메일이나 편지는 신문이나 전단지에 실릴 수 있다. 지금은 사람들이 모두 스마트폰을 갖고 다니며, 거기에는 녹음 장치가 내장되어 있다. 쉽게 말해, 누구나 무엇이든 기록할 수 있다는 뜻이다.

안타까운 사실이지만, 정치인에 대한 불신 때문에 시민들은 정치인과 나누는 대화를 몰래 녹음하는 경우가 많다. 일반 시민들 간의 사적 대화는 법적 보호를 받는다. 하지만 정치인은 공인이며, 따라서 그들이 말한 것은 공공 기록물 공개법Open Public Records Act이나 정부 정보 공개법Sunshine Laws의 적용을 받는다.* 이것은 당신의

---

* 한국에서는 2013년 대법원 판결을 통해 개인의 사생활과 관련된 정보라도 ① 공중의 정당한 관심 대상에 해당하고, ② 공공의 이익을 위한 것이며, ③ 표현·내용·방법 등이 부당하지 않은 경우를 기준으로 그 공개의 합법성을 폭넓게 인정하고

SNS 계정에도 적용되는 원칙이다. (SNS 활용에 관한 논의는 5장을 참고하기 바란다.) 유감스럽게도 정치인으로서 당신은 어떤 일에서든 만만한 시비 상대가 된다. 당신을 겨냥해서 무엇이든 걸고넘어질 수 있고, 또 그럴 것이라는 말이다. 그러니 늘 조심하고 당신이 말하는 것은 모두 기록될 것이라고 생각하라.

6. 다른 사람에 대해
험담하지 마라

정치 세계에서는 오늘의 적이 내일의 동지가 될 수 있다. 기억하라. 정치를 하다 보면 '낯선 이들과의 동침'strange bed fellows도 필요할 때가 있다.* 그리고 영화 〈대부〉에서 돈 콜레오네가 다혈질의 큰아들 소니에게

있다. 따라서 정치인의 발언이 개인의 사생활이라는 이유로 법적 보호를 받기는 어려운 것으로 보인다.

* 셰익스피어의 마지막 작품 〈폭풍〉 2막 2장에 나오는 대사다. "이크, 또 폭풍이 오는구나. 내게 제일 좋은 수는 이 자의 옷자락 밑으로 들어가는 거다. 여기엔 이것 말고 다른 피난처도 없으니. 고난 때문에 낯선 이들과도 동침하게 되는구나."

말했듯이, "네 머릿속에 있는 걸 절대로 패밀리 밖 사람들에게 말하지 마라." 다른 사람에 대해 나쁜 이야기를 하는 것은 정치인에게 아무런 도움도 되지 않는다. 장담컨대, 당신이 말한 것보다 더 나쁜 이야기가 회자되고 또 회자될 것이다.

마찬가지로 당신에게 다른 사람 험담을 하는 사람도 경계하라. 그들은 아마 당신도 비슷한 말을 하도록 유도하고, 또한 그 말을 다른 사람에게 전하고자 할 것이다. 그들은 기껏해야 자신이 어떤 종류의 사람인지 당신에게 보여줄 뿐이다. 다시 한번 강조하지만, 다른 사람에 대해 당신이 생각하는 모든 부정적 의견은 혼자만 간직하고 남들에게는 이야기하지 마라.

어떤 이슈에 반대 의사를 강력히 밝히고 싶다면, 언제든 그렇게 하라. 하지만 정치에 사적 감정을 개입시키지는 마라. 정치도 비즈니스다. 오랜 세월 동안 수많은 선거운동에 참여하면서 나는 늘 같은 자리에 있다고 생각했지만, 그다음 선거에서는 반대편에 있는 상황을 적잖이 경험했다. 그렇더라도 누구에 대해서든 나쁜 이야기를 하지 않았다면, 정치라는 회전목마가 적절한 때에 그 사람들을 당신의 길로, 당신 편으로 돌려놓을 것이라고 확신해도 좋다. 당신이 입술을 깨물며 꾹 참아야 할 때도 많을 것이다. 하지만 결국에는 그것도 충분히 그럴 만한 가치가 있는 일이다.

사람들은 정치인이 누군가에 대해 안 좋게 말한 내용을 다른 이들에게 전하는 것을 무척이나 좋아한다. 당사자가 좋아할 만한 내용이라면 신경 쓰지도 않고 전할 생각도 하지 않는다. 사람들은 드라마를 좋아한다. 드라마나 불화를 일으킬 것 같은 이야기를 퍼뜨림으로써 자신의 가치를 증명하고자 한다. 오랜 친구나 배우자, 가족 구성원이 아니면 그 누구도 신뢰하지 마라. 슬프고 안타까운 현실이지만 그것이 진실이다. 다음 선거나 그 이후 선거에서 정치적으로 협력해야 할 사람이 누구인지는 당신도 알 수 없다. 이 불편한 진실이 당신의 정치 인생에 큰 도움을 줄 것이다.

7. 공짜를
조심하라

어떤 사람들은 특혜를 얻기 위해 정치에 뛰어든다. 식당 사장은 계산서를 주지 않으려 하고, 건설업자는 공짜로 집 공사를 해주겠다고 하며, 또 누군가는 바닷가 콘도 숙박 같은 것을 예약해주겠다고 한다. 하지만 그런 모든 혜택에 대해서는 늘 의식하고 조심하고 경계해야 한다.

보통 사람들의 상식과 달리, 정치인들의 압도적 다수는 뇌물을 받지 않는다. 현금으로 가득 찬 종이가방이 오가던 시대는 이미 오래전에 지나갔고, 여전히 그런 일에 관여하는 사람이 있다면 바보 취급만 받을 것이다. 하지만 정치인도 인간이기에 그런 유혹은 늘 존재하며 또한 실질적이다. 그것은 당신도 알아채지 못하는 사이에 슬금슬금 다가올 수 있다.

많은 정치인이 공짜 제안을 받아들여도 괜찮은 이유를 마음속으로 합리화하려 할 것이다. 하지만 최종적인 결과는 똑같다. 일단 그것을 받고 나면, 당신은 위태로운 상황에 처하게 된다. 따라서 메이저리그 입장권이나 바닷가 콘도 이용권, 부동산 무료 임대나 할인, 직책 덕분에 얻게 되는 사업상 혜택, 그리고 심지어 부적절한 것처럼 보이기만 하는 그 무엇이라도, 북극에서 남극만큼 최대한 멀리하는 것이 좋다. 그런 혜택은 당신의 명성을 더럽히고 종국에는 파멸로 이끌 것이다.

그런 위태로운 상황으로부터 자신을 지키는 건 쉬운 일이 아니다. 종종 어떤 일들은 순수한 것처럼 보이다가도, 누군가 당신에게 불법적이거나 비윤리적인 것을 부탁하는 상황으로 나아간다. 대부분은 불법적이라기보다 비윤리적인 경우일 것이다. 하지만 그 사람이 선물이나 혜택 혹은 다른 사람이 대신 지불한 어떤 것을 당신에게 제공한다면, 당신은 이제 위험한 상황에 놓이게 된다. 다시 한번 강조하건대, 올바른 일을 함으로써 대중적 신뢰를 얻으며 정치인 일반에 대한 평판을 개선할 수 있도록 함께 노력해야 한다.

8. 싸움터를
선택하라

이 원칙은 정치의 기본 중 기본이다. 정치 세계에서 유의미한 존재로 남고 싶다면, 당신이 대면하는 모든 전장에서 매일, 매달, 매년 싸움을 벌이는 사람이 되지 마라. 그러면 누구도 당신을 진지한 사람으로 받아들이지 않을 것이다. 늑대가 나타났다고 매번 소리치는 소년처럼, 이런저런 일로 늘 소란을 피우는 당신에게 사람들은 지쳐버릴 것이다.

그러지 말고 어느 한 이슈를 세심히 살펴보라. 그 이슈에 누가 관여하고 있는지, 그 이슈로 인해 어떤 종류의 혜택 혹은 피해를 얻을지 살펴보라. 그리고 당신이 기여하거나 활용할 수 있는 지점이 있는지, 그렇게 해서 당신의 지위를 높이거나 강화할 수 있는지 판단해보라. 타이밍이 모든 것이다. 그 이슈에 개입해서 가장 많은 관심을 얻고 가장 큰 영향력을 발휘할 수 있는 적절한 시점을 선택하라. 당신의 개입이 가져올 파급 효과를 단기적 관점뿐 아니라 장기적 관점까지 고려해 철저히 계산하는 것도 잊지 마라. 일단 어떤 이슈를 선점하고 나면, 그 이슈는 당신 것이 된다.

9. 삼류 드라마는 피하라

선거운동과 정치 세계 전반에서 회자되는 삼류 드라마만큼 당신의 판단력을 저해하고 균형과 초점을 무너뜨리는 것도 없다. 그런 드라마 대부분은 선거운동 기간에 나타난다. 매일매일 어디서나 누군가가 당신에게 다가와, 이런저런 말이 돌았다고, 이런저런 일이 벌어졌거나 벌어지는 중이라고 말할 것이다. 그런 이야기들에 전술적 가치가 없다면 그냥 무시하라. 그런 것은 대개 드라마를 즐기는 사람들이 흥밋거리로 주고받는 이야기일 뿐이다. 많은 사람이 자기도 모르게 삼류 드라마에 빠져들곤 한다. 그것은 대체로 마음의 양식이 부족함을 드러내는 징표다. 삼류 드라마가 하는 것이라곤 당신의 판단력을 흐리게 하고, 계획한 전략·전술의 실행을 방해하는 것밖에 없다.

인터넷과 소셜 미디어가 등장하면서 사람들의 의견이 넘쳐나고 있다. 소셜 미디어는 그전까지 제대로 된 의견 표출의 기회가 없었던 보통 사람들이 자기 의견을 제시하는 연단으로 자리 잡았다. 하지만 안타깝게도, 대다수 사람들의 의견이란 것은 전혀 근거 없는 얘기인 경우가 많다. 그 결과, 그들의 의견은 사실과 정보를 결여하고 있기에 인신공격에 의존하게 된다. 정치인을 비롯해 그 세계에서 일하는 모든 이들에게 조언하자면, 선거운동 기간 동안 소셜 미디어에서 떠도는 이런 종류의 글은 가급적 읽지 않기를 바란다. 이런 글은 언제나 스멀스멀 당신의 눈과 귀를 통해 머릿속으로 들어가, 당신을 험담하는 사람들이 원하는 바로 그런 일을 당신에게 일으킨다. 즉 당신 마음을 혼란에 빠뜨리고, 집중력을 잃게 한다.

소셜 미디어나 포털 게시판에 익명으로 올라온 글은 당신에게 표를 가져다주지도, 당신에게서 표를 뺏어가지도 않는다는 것을 이해할 필요가 있다. 그런 글은 정치 매니아들만 읽는다. 집중력을 유지하고 경계를 늦추지 마라. 당신에게 이롭거나 가치가 있거나 혹은 향후 문제가 될 수 있는 것이 어디에선가 나타난다면, 당신을 돕는 선거 컨설턴트가 처리할 것이다. 당신은 계속 선거운동에만 집중하라.

10. 당신이 어디서 어떻게 왔는지 잊지 마라

당신이 어떤 사람이든, 얼마나 높은 공직에 오르든, 그 자리까지 가는 데 도움을 준 사람들이 분명 있을 것이다. 정치인들이 자주 간과하는 또 다른 부분이 바로 이것이다. 그들은 누가 자신을 도왔는지 잊어버리고 지낸다. 그런 나쁜 자만심이 당신을 방해하지 않도록 하라. 지금 당신이 있는 자리까지 가도록 밀어주고 끌어준 사람들의 노고를 기억하고, 인정하고, 감사하는 것을 잊지 마라. 나는 자신을 도와준 많은 이들을 외면한 정치인을 여럿 봐왔다. 그들은 잘못된 자만심 탓에 스스로의 힘으로 그 자리까지 올라갔다고 착각한다. 대개 이런 사람들은 배신자의 길로 들어서고, 결국 정치 세계에서 실패하고 만다.

나는 특별한 사람이고 멋지고 탁월하기에 이 자리까지 왔다고 생각하는 것은 좋은 태도다. 당신 어머니도 그렇게 생각할 것이다. 아마 당신 배우자와 자녀도 그렇게 생각할 것이다. 하지만 진실을 말하자면, 어떤 사람이 그런 자리에 갈 수 있었던 것은 다른 사람들의 도움 덕분이다. 그들의 도움을 잊고 산다면 당신은 분명 어떤 식으로든 그 대가를 치르게 될 것이다.

기억하라. 당신이 어디서 어떻게 왔는지가 당신의 가치, 경험, 인격의 중요한 부분을 형성한다. 당신은 그런 것들을 가지고 정치를 하게 된다. 겸손은 언제 어디서나 당신의 행동을 이끄는 준칙이 되어야 한다. 자신을 과대 평가하는 사람은 누구도 좋아하지 않는다. 다시 한번 말하지만, 너무 많은 사람들이 정치인에 대해 이런 이미지를 갖고 있다. 그러므로 정치인의 의무 가운데 하나는, 올바른 인성을 지키고 가꿈으로써 우리가 지닌 리더로서의 명성을 강화하는 것이다.

✦

자기 인식을 계속 발전시키면서 항상 당신 자신의 모든 면을 살펴보라. 앞에서 말한 10가지 습관 모두를 실천하고 있는가? 그렇다면 정말 대단한 것이다. 당신은 이미 성공한 정치인이거나, 앞으로 확실히 성공할 것이다. 위의 습관 전부는 아니더라도 많은 것을 따르고 있다면 그것 또한 좋은 모습이다. 왜냐하면 이제 당신은 다른 습관도 익히게 될 것이기 때문이다. 만약 위에서 말한 원칙들 중 많은 것을 실천하지 못하고 있다면, 습관으로 만들기 바란다.

기억해두면 좋겠다. 당신이 선거에서 패하더라도 그것을 당신 개인에 대한 거부로 받아들일 필요는 없다. 정치인에게 승리와 패배는 늘 있는 일이다. 시계추는 좌우를 오간다. 시계추가 한쪽 끝으로 갔다면 다시 돌아올 것이라고 확신해도 좋다. 그때를 대비해 제대로 준비한다면, 당신은 분명 승리할 것이다. 겸손과 호감을 갖춘 좋은 성품을 유지하고 보여준다면, 당신은 정치인의 역할을 다시 정의하는 데 기여할 것이다.

정치에 관여하는
사람들의 유형

"정치는 모든 종류와 유형의 사람들을
끌어들인다. 정치 활동은 인간의 본성에
대해 모든 것을 배울 수 있는
가장 좋은 방법이라고 봐도 좋다."

선출직 대표는 정치 세계의 한 부분일 뿐이다. 정치권 전체를 보면 선출직 대표만 보이는 것 같지만, 그를 그 직위에 올려놓는 데 일조한 다양한 사람들이 있다. 실제로 대표를 선출하는 유권자뿐 아니라 대표를 지원하고 관리하고 이끄는 정당, 이익집단, 전문 조직 등이 있고, 정책과 노선을 달리하는 상대 집단과 사람들도 있다. 이들 모두가 정치권을 구성한다고 봐야 할 것이다.

이 장에서 제시하는 사람들 목록이 정치에 관여하는 모든 이들을 아우르는 것은 아니지만, 정치권에서 흔히 만나는 사람들의 유형을 설명하는 것으로 봐도 좋을 것이다. 어떤 이들은 두 가지 또는 그 이상의 유형에 속할 수도 있다. 각각의 유형을 잘 이해해야 누구를 만나든 제대로 알아보고 대응할 수 있다. 독자들 가운데는 정치권에서 일하는 또 다른 유형의 사람들을 알고 있거나 떠올릴 수도 있겠지만, 다음 목록은 내 경험과 관점에 따라 선택한 것임을 양해해주기 바란다.

1. 선출직
대표

정치는 선출직 대표와 함께하는 일이다. 이들 대표는 지역이나 카운티, 주나 연방 단위 선거에서 선출된 사람들이다. 바로 이들 선출직 대표가 표를 던져 법률을 제정하고, 정책을 결정한다. 그래서 많은 사람의 영향력이 선출직 대표로 향한다. 대다수 사람들에게 선출직 대표는 가장 선망받는 자리이며, 어떤 이들에게는 그 직위가 권력에 접근할 수 있는 가장 빠른 길이다. 당신의 역할이 무엇이든, 정치는 이들 선출직 대표를 중심으로 작동한다.

2. 정치·선거
컨설턴트

정치 컨설턴트(혹은 선거 컨설턴트)의 역할은 당신이 당선되도록 돕는 데 있다. 그들은 선거운동을 진두지휘하고, 후보의 메시지를 작성하며, 그런 활동을 바람직한 정부 운영과 결합하고자 한다. 정치 컨설턴트는 선거운동에서 핵심적인 업무를 담당하는데, 그 일의 대부분은 후보인 당신조차 모를 수 있다. 또한 그들은 상대편이 갖고 있을지도 모를 모든 치부를 파헤치고자 노력할 것이다. 그들은 대개 당신이 당선되는 데 필요한 일이면 무엇이든 할 수 있도록 뒤편에 숨어 조용히 익명으로 일하기를 선호한다.

당신이 중요하게 생각하는 가치, 당신이 꿈꾸는 비전을 공유하는 정치 컨설턴트와 함께 일하는 것이 가장 중요하다. 그리고 어쨌든 역할을 맡겼으면, 그 사람에 대한 믿음을 가져야 한다. 또한 그들과 매우 긴밀하게 협력해야 할 것이다. 고전적 의미에서 정치 컨설턴트는 냉혹한 사람들로 알려져 있지만(아마도 일부는 그럴 것이다), 모두가 그런 것은 아니다. 일반적으로 그들은 후보의 성격을 따른다. 후보가 어떤 가치와 원칙을 강력히 지지한다면, 그들도 그것을 존중할 것이다. 내 경험에 비춰 보건대, 정치 컨설턴트가 냉혹하다면 후보가 그렇게 하도록 내버려 두거나 후보 자신도 냉혹한 사람이기 때문이다.

3. 정당 리더

예전에는 이들을 정치 보스political bosses라고 불렀지만, 요즘은 정당 리더party leaders라고 부른다. 정당 리더는 정치적 협상과 거래를 중개하거나, 누가 당의 공천을 받을지를 결정하거나, 선거운동에 필요한 자금을 모으거나, 혹은 이 모든 일을 하는 지위에 있는 사람이다. 최근에는 지역 정당의 회의를 주재하는 위원장으로 활동하는 경우도 많다. 당신이 정치 세계에서 좀 더 높은 자리로 오르고자 하면 할수록, 이들의 도움이 그만큼 더 많이 필요할 것이다. 바로 이 사람들이 당신의 정치적 미래를 결정한다. 그들과 친하게 지내며 그들에게 충성을 보여주는 것이 최선이다. 그들의 도움이 없다면, 당신은 어디로도 갈 수 없을 것이다.

4. 팬

정치인은 유명인, 요즘 말로 셀럽과 비슷한 측면이 매우 많다고 볼 수 있다. 정치인도 때때로 열성 팬을 끌어모

은다. 이 팬들은 정치인과 선거운동이 발산하는 스포트라이트, 권력, 에너지에 끌린 사람들이다. 그들은 정치인과 어울려 다니며 셀카 찍기를 무척이나 좋아한다. 그들이 정치인에게 어떤 구체적인 도움을 주지 않을 수도 있지만, 대부분은 행사장을 가득 채우고 후보에 대한 환호를 일으키는 데 도움을 준다. 일반적으로 그들은 누군가를 해치려는 의도를 갖고 있지 않기 때문에, 늘 그들의 가치를 인정하며 감사하는 것이 가장 좋다.* 궁극적으로 그들은 자신들이 받는 관심을 좋아하고, 선거운동의 한가운데서 느끼는 스릴을 즐기는 것 같다. 언제나 당신을 응원하는 사람이 항상 당신 주변에 있는 것을 좋아하지 않을 사람이 누가 있겠는가?

*　　정치인을 따르는 팬들의 활동이 늘 좋고 바람직한 것만은 아닌 것 같다. 한국에서 '팬덤 정치'로 불리기도 하는, 특정 정치인을 열성적으로 따르는 "컬트적 운동의 결속력과 공격성"이 정치적 적대와 혐오를 강화하고 사회적 다원주의를 약화시키는 문제에 대한 논의는 최장집, 〈다시 한국 민주주의를 생각한다: 위기와 대안〉, 《한국정치연구》(제29집 제2호, 2020); 박상훈, 《혐오하는 민주주의: 팬덤 정치란 무엇이고 왜 문제인가》(후마니타스, 2024) 참조.

5. 감시자

정치 감시자는 일반적으로 스스로 그 일을 맡겠다고 자임한 사람들이다. 그들은 자신을 감시자나 파수꾼이라고 부른다. 그들은 정치인을 신뢰하지 않으며, 정부가하는 모든 일은 속임수거나 범죄에 가깝다고 생각한다. 따라서 그들의 임무는 정부에서 진행되는 모든 일을 주의 깊게 지켜보는 데 있다. 실제로 많은 사람이 정치인들의 잘못을 잡아낼 수 있기를 기대한다. 그러면 그들의 꿈이 실현되는 것이다. 수년간 감시자들을 지켜보면서 내가 느낀 바를 말하자면, 그들 다수 아니 대다수가 속마음으로는 정치라는 게임에서 더 큰 플레이어가 되기를 바란다는 것이다. 그들은 자신들이 감시한다고 공표한 바로 그 공직을 장악하고 싶어 한다. 그리고 때로 공직 그 자체를 추구하기도 한다. 하지만 그들이 선거에서 승리하는 경우는 드물다.

감시자들은 일반적으로 지역 수준에서 좀 더 적극적으로 활동하며, 지방정부가 주최하는 회의에 대부분 참석

한다. 그들은 회의 때마다 가능한 한 모든 종류의 질문을 던지며, 그 질문은 대개 정부·정책 운영에서 숨겨진 문제를 '폭로'gotcha하려는 저의를 담고 있다.* 그런 다음 언론사에 이를 제보하거나 보도자료를 보내는데, 그 내용은 늘 정치인들의 주장에 반론을 제기하는 것이다. 그들은 선출직 대표가 제안하는 것은 무엇이든 결코 동의하려 하지 않으며, 모든 것을 일종의 계략이라고 믿는다.

감시자들도 전체 정치 과정의 한 부분이다. 모든 선출직 대표가 어디에서나 일관되게 옳은 일만 한다면 아마도 감시자는 필요 없을 것이다. 내 경험상 감시자들은 대체로 세상의 부정적인 측면만 바라본다. 그들은 타고난 비

---

* 　폭로 정치gotcha politics는 자신의 대의, 이념, 정책을 중심으로 지지를 동원하는 데 집중하기보다, 상대편이 실수나 잘못을 저지르거나 저지르도록 유도하여 그것을 폭로하는 데 주력하는 정치를 의미한다. 상대방의 실수나 잘못은 늘 정치적 이슈가 되지만, 미국의 경우 워터게이트 이후 정당의 쇠퇴, 시민운동단체의 증가, 언론 경쟁의 격화, 특별 검사제의 활용 및 오남용 등으로 인해 폭로 정치가 주요한 정치 활동 양식으로 자리 잡게 되었다.

관주의자인 것 같다. 그래서 그들은 정치인이 제안하는 어떤 것도 믿으려 하지 않는다. 하지만 그들은 너무 부정적인 것에만 초점을 두기 때문에 일반 대중과 정치인들의 관심을 얻기 어렵다. 내 생각으로는 그런 접근을 바꾼다면 그들은 훨씬 더 효과적으로 일할 수 있을 것이다. 잘못이나 실수를 폭로하는 방식 대신 정치인들에게 아이디어와 기부금을 제공하는 데 노력한다면, 훨씬 더 많은 관심과 지지를 받으며 원하는 변화를 이끌어낼 수 있을 것이다.

6. 악역

모든 멋진 이야기에는 주인공이 있다. 하지만 그런 주인공을 얻기 위해서는 악역이 필요하며, 정치는 우리 삶 속에 실제로 존재하는 멋진 이야기다. 정치적 도발자(프로보커터provocateurs)로도 불리는 이들 악역의 역할은 당신이나 당신 입장에 반대하는 것뿐만 아니라, 당신을 괴롭히며 갖고 노는 것이다.[*]

그들은 문자 그대로 상대방에게 피해를 주는 나쁜 일을 저지르며, 그렇게 하는 데서 즐거움을 만끽한다. 다시 한 번 내 경험을 말하자면, 악역들은 감시자들과 마찬가지로 좌절한 정치인인 경우가 많다. 어린 시절 관심을 충분히 받지 못한 탓인지, 불행한 개인 경험 탓인지, 아니면 다른 어떤 이유에서인지, 그들은 상대방을 곤란한 상황에 빠뜨리는 데서 큰 기쁨과 만족을 얻는다. 물론 이것은 지역 단위의 정치적 악역에게 적용되는 내용이고, 전국적 수준의 악역은 또 다른 양상을 보여주기도 한다. 그들에게 악역이란 생계를 유지하기 위한 수단이다.

모든 좌절한 정치인들이 그렇듯, 악역들도 자신이 그토록 참여하고 싶어 하는 정치 과정에서 배제되는 것으로

---

*   정치적 도발자, 프로보커터는 이제 한국 정치에서도 쉽게 볼 수 있는 사람들이다. 이들은 어떤 사회 이슈에 대해 제도적·구조적 접근보다는 특정 개인과 집단에게 자극적인 방식으로 원인과 책임을 돌리며, 그런 도발로 끌어모은 사회적 관심과 주목으로 여론 시장을 왜곡한다. 이 문제에 대한 논의는 김내훈,《프로보커터: 주목경제 시대의 문화정치와 관종 멘털리티 연구》(서해문집, 2021) 참조.

끝나고 만다. 그들이 결국 좌절하고 마는 이유는 주류 정치인들이 그들을 피하기 때문이다. 악역들과 싸우는 최선의 방법은 그들을 무시하는 것이다. 악역들은 자신이 괴롭히려는 바로 그 사람들로부터 관심을 받는 것이 가장 중요하기 때문에, 상대가 침묵으로 일관하면 더욱더 비상식적인 행태를 보일 것이다. 그러나 그들의 말이나 행동에 반응하지 않는 것이 가장 좋다. 다른 한편, 감시자가 악역이 될 수는 있지만 악역이 감시자가 될 수는 없음을 알아두는 것도 좋겠다.

7. 전문가

이들은 전적으로 정치적 계약을 통해 생계를 유지하는 변호사, 도시계획 및 토목공사 사업자 같은 사람들이다. 정치인이 기부받는 자금의 대부분은 이들로부터 나온다. 어떤 이들은 탁월한 모금인이자 나쁜 변호사이고, 어떤 이들은 훌륭한 변호사지만 좋은 모금인은 아닐 수 있다. 그리고 둘 다 잘하는 사람들도 있다. 어쨌든 당신은 이런 사람들이 필요한데, 그들이 정치 세계의 혈류와 같은 존재일 뿐만 아니라 일반적으로 필요한 정치자금의 대부분을 모금하기 때문이다. 거꾸로 공공 계약을 통해 대부분의 돈을 벌어들이는 사람도 바로 이들이다.

이들에 대해 조언하자면, 당신이 좋아하고 친밀감을 느끼는 전문가들을 찾아라. 당신이 정치권에서 오랫동안 일한다면 그들도 당신과 함께할 것이다. 그들은 여러 방면과 수준에서 당신에게 큰 도움을 줄 수 있다. 당신에게도 이들의 안내와 조언, 전문성이 필요할 것이다. 나는 수년간 이런 사람들과 오랜 우정을 쌓아왔다. 마음의 여유를 갖고, 당신과 가치를 공유하는 전문가들을 꼭 찾아보기 바란다.

8. 광신자

우리 모두는 그들이 누구인지 잘 알고 있다. 그들은 우리가 길거리에서 마주치지 않으려고 최선을 다하는 사람들이다. 그들은 우리가 무엇을 해야 할지 늘 말하고 싶어 한다. 문제는 그들의 생각이 터무니없다는 것이다.

하지만 그 사실을 그들에게 말해서는 안 된다. 대신 그 자리에서 그 사람들의 말을 한쪽 귀로 들으며, 유성이 떨어져 대화가 끝나거나 당신의 고통이 사라지거나 그 둘 모두가 이뤄지기를 바라는 편이 낫다. 그들은 다른 누구보다 더 오랫동안 당신을 붙잡아둘 것이며, 자신의 조언을 받아들일 때까지 그 멍청한 아이디어를 계속 이야기할 것이다.

기억해야 할 점은, 이런 유의 사람들은 다른 사람의 관심을 거의 받지 못한다는 것이다. 하지만 우리는 정치인이기에 그들의 말에도 귀 기울여야 한다. 그들은 그 자체로 나쁜 사람은 아니다. 하지만 당신 주변을 어슬렁거리며 당신에게 매달려 당신의 에너지를 고갈시키곤 한다. 그들에게 예의를 갖추고 대화를 가능한 한 짧게 끝내고 싶다면, 가야 할 다른 곳을 항상 생각해두는 것이 좋다.

9. 자원봉사자

우편물을 부치고 전화를 걸고 호별방문*을 하고 좌석을 정돈하고 커피를 타는 자원봉사자는 실제로 어떤 선거운동에서나 꼭 필요한, 생명줄 같은 사람들이다. 일반적으로 이들은 당신의 직계 또는 방계 가족, 동네 이웃들, 은퇴한 사람들, 그리고 모든 면에서 선량한 일반 시민들이다. 대체로 그들은 특별한 정책 의제를 지지하는 것은 아니며, 거창하거나 놀라운 의제 같은 것은 생각하지 않는다. 그들은 후보가 승리하는 것을 돕는 일에 만족한다. 그들은 풀뿌리 시민들이다. 당신을 도우려는 사람들이고, 당신이 요청하는 일이면 거의 무엇이든 하고자 하는 사람들이다.

---

* 호별방문door-to-door canvassing은 후보 및 선거운동원이 자유롭게 유권자의 집을 찾아 의견과 정보를 교환하며 지지를 호소하는 활동으로, 거의 모든 민주주의 국가에서 보장하는 기본적인 선거운동 방식이다. 하지만 한국과 일본에서는 이를 법률로 금지하고 있다.

정치라는 멋진 게임에서 나는 항상 이들을 가장 신뢰했다. 이들은 자기 지역이나 공동체 등에 대한 관심과 배려 외에 다른 생각은 하지 않기 때문이다. 이 자원봉사자들을 잘 돌보고 잘 대해주기 바란다. 언제나 그들에게 고마움을 표시하는 것을 절대 잊지 마라. 선거운동이 끝난 후에도, 승패를 떠나 그들과 계속 연락하라. 그들은 필요할 때면 언제나 당신의 부름에 응답할 것이다.

10. 이데올로그

공동체의 이상을 좇는 정치의 바로 그 본질적 성격 때문에, 특정 이슈와 관련해 어떤 이데올로기에 목숨을 걸만큼 집착하는 사람들이 있다. 내 경험상 그들은 정치인 가운데서도 소수에 불과하지만, 우리는 그들 덕분에 중도의 길을 찾을 수 있다. 이데올로그는 일반적으로 정치적 지평의 극단을 정의하며, 그런 활동을 통해 정치 과정의 한 부분을 구성한다.

이데올로그들은 대체로 타협에 호의적이지 않으며, 동

료 집단 내에서 불화를 일으킬 가능성이 높다. 그들은 반대편 의견에 귀 기울이는 데는 관심이 없고, 자기 입장을 기꺼이 포기하려 하지도 않는다. 어떤 대가를 치르더라도 자신들이 지지하는 특정 정책이 원하는 대로 관철되기를 바라며, 그것으로 끝이다. 나는 이데올로그들이 매우 독특한 신념 체계 속에서 살아간다는 것을 알게되었다. 그들은 자신이 믿는 것을 절대적으로 믿는다. 중도적 사고를 지닌 대다수 사람들은 자기 신념에 다소간 유연하고 다른 이들의 관점에도 개방적인 반면, 이데올로그들은 대개 그렇지 않은 태도를 보인다.

이데올로그들은 정치 세계에서 절대로 사라지지 않을 것이다. 그러나 내 경험상 그들은 거의 아무것도 성취하지 못한다. 그들은 영향력이나 권력을 휘두르는 지위에 오르면 어떤 비용을 치르더라도 자기 정책이 관철되어야 한다고 주장한다. 반대 입장을 지닌 사람들을 짓밟고 파멸시키며, 토론에 호의적이지 않고, 좁은 시야에 갇혀 있으며, 주류에 속한 사람들을 자신들로부터 밀어낸다. 자신들의 이데올로기적 의제를 추진하는 데 성공하더라도, 그들이 누리는 권력의 수명은 자신들이 만든 적들 때문에 짧은 경우가 많다. 그리고 그들이 만든 적도 무척이나 많다. 이로 인해 이데올로그들은 다른 사람들에게 엄청난 분노와 적개심을 불러일으키며, 그 사람들은 그런 이데올로그들을 완전히 제거하는 데 자신들의 모든 에너지를 쏟아붓는다. 그 결과 일단 이데올로그들이 권력의 지위에서 물러나고 나면, 기성 집단 내에서는 그들을 위해 새끼손가락 하나라도 들어줄 사람조차 남아 있지 않게 된다.

어떤 사람이 이데올로그라고 해서 *그가* 옹호하는 정책이나 대의의 중요성을 부정하는 것이 아님을 분명히 하고 싶다. 정치라는 비즈니스는 권력과 영향력을 다루며 좋은 통치를 통해 성과를 내는 일이기 때문이다. 만약 이데올로그가 진정으로 자기 정책 의제를 실현하고 싶다면, 그 목표 성취를 위해 다른 사람들과 협력하며 그들의 호의를 끌어내야 한다. 당신의 목표가 달이라면 별을 향해 쏘아라. 더 높은 목표를 가지고 시작해 '협상을 거쳐' 결국 처음 당신이 원했던 것을 얻도록 하라. 바꿔 말해, 이데올로그는 다른 사람들과 협력하는 법을 배우기만 하면 훨씬 더 많은 것을 이뤄낼 수 있을 것이다.

✦

이 장에서 제시한 10가지 유형의 목록이 정치권에서 일하는 모든 사람을 다 포괄하는 것은 아니지만, 대부분은 하나 혹은 아마도 둘 이상의 범주에 들어갈 것이다. 사실 또 다른 범주로 정치적 불평분자를 고려할 수 있다. 이들은 잘못된 것이나 고쳐야 할 것을 지적함으로써 때때로 도움을 주기도 한다. 어쨌든 위의 각 범주에 대한 설명은 대략적인 요약에 가까우며, 누군가를 폄하하려는 의도는 전혀 없다. 솔직히 말하면, 나는 여기서 의도적으로 각 유형의 사람들에서 최악의 경우를 보여주려 했는데, 왜 그들이 정치 세계에서 기대만큼 큰 성공을 거두지 못했는지를 설명하고자 했기 때문이다. 정치 활동은 인간의 본성에 대해 모든 것을 배울 수 있는 가장 좋은 방법이라고 봐도 좋다. 정치는 모든 종류와 유형의 사람들을 끌어들인다. 정치 세계의 규율을 따르고자 최선을 다하고 정치를 즐길 줄 안다면, 당신은 엄청난 일들을 경험하면서 사회에 위대한 업적을 남기는 데 기여할 수 있을 것이다. 이것이 독자를 위한 나의 바람이다.

정치 연설

"사람들은 당신이 말한 것이 아니라
당신이 말할 때 '느낀 것'을 기억한다.
연설문 원고는 버리고 자신의 열정에 대해
스토리텔링 형식으로 말하라."

지난 시절의 그 멋진 정치 연설들이 없었다면 정치는 어땠을까? 연설은 정치를 구성하는 핵심 요소다. 그것은 당신의 정치적 입장과 견해를 확립하고, 이슈에 대한 프레임을 만들며, 지역 주민이 당신을 알아볼 수 있게 해준다.

멋진 연설가가 되는 데는 연습이 필요하다. 나는 사람들에게 연설 코칭을 할 때, 내용에 대해 너무 많이 신경 쓰는 건 좋지 않다고 자주 알려주곤 했다. 예를 들어, 대중 앞에 서서 세금 인하를 위한 35가지 계획안 같은 건 말하지 말라는 것이다. 당신이 아무리 뛰어난 연설가라도, 그런 계획을 밝히면 청중은 자리를 뜰 수밖에 없다. 그 대신 연설과 관련된 스타일, 전달 방식, 에너지, 감정, 용모에 초점을 맞춰보라. 그러면 당신은 자신의 메시지를 훨씬 더 효과적으로 전달할 수 있는 방법을 배우게 될 것이다.

대다수 설문조사에 따르면, 대중 연설은 사람들이 가장 두려워하는 일 가운데서도 첫손가락에 꼽히는 것이다.

두 번째로 두려운 것이 죽음이라고 한다. 그래서 코미디언 제리 사인펠드가 이렇게 말한 건지도 모르겠다. "사람들은 추도사를 하는 것보다 관 속에 묻히기를 더 원한다"고 말이다.

솔직히 터놓고 말해보자. 대부분의 연설은 지루하다. 그 이유는 좋은 연설의 원리를 제대로 이해하고 있는 사람이 드물기 때문이다. 게다가 연설과 관련해 어떤 식으로든 훈련을 받아본 사람은 훨씬 더 드물다. 설령 당신의 연설 실력이 평타 수준은 된다 하더라도, 청중의 관심과 흥미를 끌어내지 못한다면 연설 그 자체가 당신과 청중 사이를 가로막는 장벽이 될 수 있다.

이 장에서는 대중 연설의 기술과 관련한 모든 것을 여러분에게 알려주려 한다. 그 모든 것에는 당신의 메시지를 효과적으로 가공하고 전달하는 데 도움이 될 만한 연설의 원리, 실용적인 조언, 일종의 속임수, 심리적 측면 등이 포함되어 있다.

나는 늘 이런 질문을 받곤 한다. "어떻게 하면 연설을 잘할 수 있을까요?" 이건 오래전부터 있었던 질문, "어떻게 하면 카네기홀에서 공연을 할 수 있을까요?"와 대략 비슷하다. 답은 똑같다. 연습하세요!* 나는 사람들이 수년의 시간을 거치면서 정말이지 뛰어난 연설가로 거듭나는 모습을 꽤 많이 봐왔다. 그들은 연습을 통해 연설 실력을 키웠다. 그리고 만약 당신이 정치인이라면, 연설을 연습하는 데 시간이 부족할 일은 없을 것이다. 하지만 제대로 실력을 쌓고 몇 단계 더 발전하는 길로 빠르게 나아가려면, 배워야 할 것이 몇 가지 있다.

자기 인식 : 당신이 이 책을 다 읽을 때쯤 되면, '자기 인식'이란 말을 꿈에서도 듣게 될지 모르겠다. 그건 자신에 대한 인식이 없다면 자신을 향상시킬 수도 없기 때문

---

* 음악인들에게 '명예의 전당'으로 통하는 뉴욕 카네기홀과 관련해서는 이런 농담도 있다. 어떤 여행자가 바이올린 케이스를 들고 있는 사내에게 길을 물었다. "카네기홀로 가려면 어떻게 해야 하나요?" 사내는 이렇게 답했다고 한다. "연습하고, 연습하고, 또 연습하세요(Practice, practice, practice)."

이다. 당신은 자기 활동에서 향상시켜야 할 부분이 무엇 무엇인지 알아둘 필요가 있다. 예를 들어, 당신은 연설할 때 몸을 이리저리 흔들지 않는가? '음~'이나 '저~'같이 불필요한 말을 너무 많이 쓰는 건 아닌가? 청중과 눈을 맞추는가? 몸이 너무 경직되어 팔을 옆구리에 딱 붙여놓고 있는 건 아닌가? 혹시 단조로운 어조로 말하고 있지 않은가?

그 무엇을 하든, 당신만이 당신이 하는 것을 자기 인식과 성찰을 통해 알 수 있다. 자기 인식은 자기 향상으로 가는 출발점이다. 실제로 내가 앞의 질문들을 던졌을 때, 당신은 곧바로 그런 오류를 범하고 있는지 자신에게 물어보지 않았을까? 아마도 한두 가지 정도 잘못하고 있는 사람도 있고, 모두 잘못하고 있는 사람도 있을 것이다. 어떤 경우든 당신이 그것을 인식해야만, 그것에 주의를 기울이며 그것을 바꿀 수 있다.

습관 만들기 : 대중 연설은 기술이다. 여느 기술과 마찬가지로 당신도 그걸 배울 수 있다. 그 기술도 많이 쓰면

쓸수록 더 잘 쓰게 된다. 이 원리를 새로운 악기나 운동을 배우고 연습하는 것과 비교해봐도 좋겠다. 근본적으로 똑같은 일이 당신의 뇌 속에서 벌어진다. 그 기술을 다음에 또 쓰게 될 때, 우리의 뇌는 그것을 좀 더 잘 활용하도록 돕는 방향으로 작동한다. 우리 각자는 우리가 가진 모든 습관의 총합이다. 어떤 습관은 좋고, 어떤 습관은 나쁘다. 여기서 말하고 싶은 바는 우리가 가진 모든 나쁜 습관을 인식하고 좀 더 좋은 새로운 습관을 만들도록 의식적으로 노력해야 한다는 것이다. 연설도 다를 바 없다. 물론 새로운 좋은 습관을 만드는 것뿐만 아니라 나쁜 습관을 천천히 버려 나가는 일도 필요하다. 바로 이것이 당신의 연설 기술을 향상시키는 방법이다.

우선 비디오카메라 같은 것을 준비하면 좋겠다. 요즘은 스마트폰으로도 충분할 것 같다. 그럼 이제 당신이 연설하는 모습을 녹화해보라. 아무리 끔찍하고 고통스럽더라도 당신 자신을 반복해서 돌려보며, 바꿔야 할 부분이 무엇인지 주의 깊게 살펴봐야 한다. 자기 비평은 결코 쉬운 일이 아니다. 자신이 말하는 모습을 지켜보며 듣는 것은 말 그대로 고문이다. 하지만 결국에 가서는 최상의 결과를 얻게 될 것이다.

다음은 당신의 내면에 숨어 있는 (최고의 연설가) 키케로를 불러내는 데 도움이 될 만한 조언들이다.

1. 원고를
읽지 마라

누군가가 연설 원고를 읽고 있는 걸 듣는 것은 천장에 붙어 있는 타일을 하나하나 세는 것만큼 우스꽝스러운 일이다. 실제로도 누군가 자기 연설문을 읽기 시작하면, 사람들은 천장을 바라보곤 한다. 여기 연설과 관련한 제1원칙이 있다. 이걸 배우면 당신은 멋진 출발을 하게 될 것이다.

사람들은 당신이 말한 것이 아니라 당신이 말할 때 '느낀 것'을 기억한다. 따라서 만약 당신이 세금 인하를 위한 35가지 계획안을 일일이 설명하는 연설 원고를 읽을 생각이라면, 부디 그런 고문에서 청중을 구하고 그 계획안은 누구도 신경 쓰지 않는다는 걸 기억해주기 바란다. 당신이 하고 싶어 하는 일을 '어떻게' 하려는지보다, 당신이 그 일을 '왜' 하고 싶어 하는지가 더 중요하다.

인지심리 연구에 따르면, 사람들은 자신이 들은 것의 10퍼센트 정도만 기억한다고 한다. 그러나 사람들이 자기가 느낀 것을 잊는 경우는 거의 없다. 이성적인 기억보다 감정이 훨씬 더 강력하기 때문이다. 사람들은 감정을 기억한다. 자신의 경험을 생각해보라. 어린 시절에 들었던 노래가 라디오를 통해 흘러나오면, 그 노래를 처음들었던 그때 당신이 삶에서 느낀 모든 좋거나 나쁜 감정들이 불현듯 떠오르지 않는가? 연설에서도 똑같은 원리가 작동한다.

우리 시대의 가장 위대한 연설 가운데 하나로 알려진 마틴 루서 킹 목사의 "나에겐 꿈이 있습니다"를 살펴보자. 이 연설은 거의 17분에 가까운 분량이다. 또한 거의 모든 사람이 자기 삶의 어느 한 때에 적어도 한 번은 들어본 가장 유명한 연설이기도 하다. 그런데 누구든 붙잡고

킹 목사가 뭘 말했는지 한번 물어보라. 그러면 십중팔
구는 "나에겐 꿈이 있습니다"라고 답할 것이다. 물론 킹
목사는 그보다 훨씬 더 많은 것을 말했다. 하지만 대다
수 사람들은 그 연설의 핵심 구절만 기억하고 있다. (여
기에는 또 다른 이유도 있는데, 그건 잠시 후에 설명하겠다.)

이번엔 그 연설을 들었을 때 무엇을 느꼈는지 물어보라.
그러면 사람들은 한결같이 뼛속까지 스며든 전율을 느
꼈다고 말할 것이다. 그렇다면 중요한 건 그가 말한 내
용일까, 그가 말한 방식일까? 입 밖으로 뿜어져 나와, 듣
는 사람을 사로잡고 끌어당긴 건 그의 압도적이면서도
지칠 줄 모르는 열정, 바로 그것이었다. 킹 목사가 할 수
있었던 일은 세상을 바꿀 듯한 장엄한 연설을 들었거나
듣고 있는 누구에게든 놀랄 만큼 강력한 감정의 에너지
를 불러일으키는 것이었다. 결국 사람들은 당신이 믿는
그 어떤 것이 아니라, 당신이 그것을 믿거나 행하는 '이
유'에 빠져드는 것이다.

당신은 어떤 주제를 대할 때 열정이 샘솟는가? 지역에

서 활동하는 대다수 정치인은 자신의 열정을 민권운동이나 핵무기 확산 방지보다는 세금, 쓰레기, 깨끗한 거리, 공무원 서비스 개선 같은 이슈에 쏟을 것이다. 이때자기 안의 열정을 불러낼 수 있다면, 당신은 멋진 연설로 가는 길에 첫발을 내디딘 것이다. 사람들은 열정에매료된다. 누구나 멋진 드라마를 좋아하는 이유도 이것때문이다. 그런 드라마는 강력한 감정을 이끌어내고, 그감정은 추진력을 발휘한다.

그러므로 어떤 이슈에 대해 연설을 준비하고 있다면, 우선 당신의 열정을 찾아내라. 그러고 나서 그 열정적인생각을 하나하나 글로 옮기려 하지 말고, 몇 가지 핵심적인 사실과 수치만 메모해놓아라. 마지막으로, 이게 가장 중요한데, 그 모든 메모 내용을 가지고 스토리를 만들어라. 청중은 스토리를 좋아한다. 그 스토리가 흥미롭거나 감동적이거나 교훈적이라면 더욱 그럴 것이다. 관련 연구에 따르면, 사람들은 다른 어떤 사실보다도 스토리를 기억할 가능성이 훨씬 더 높다고 한다. 연설문 원고는 버리고 자신의 열정에 대해 이야기할 수 있다면,

그것도 스토리텔링 형식으로 말할 수 있다면, 당신은 제대로 된 길을 밟고 있는 것이다.

쉬운 이해를 위해 다음 예시를 참고해도 좋겠다. 실제로 내가 어떻게 쓰레기 처리 문제에 관한 연설로 사람들에게 감동을 주었는지를 보여주는 개인적 사례다.

2005년 공공사업국장으로 취임한 날부터 저는, 거의 폐기되다시피 한 우리 지역 쓰레기 재활용 프로그램을 다시 실행하는 일에 착수했습니다. 그러기 위해서는 주민들이 재활용 분리수거에 관심을 갖게 만들어야 한다고 생각했습니다. 우선 학교 등의 교육기관과 함께하는 홍보·지원팀을 만들었습니다. 어른들이 분리수거에 나서도록 하려면, 아이들 마음부터 사로잡아야 하니까요. 학교를 돌며 중고등학생들에게는 제가 직접 나서 강의를 했고, 초등학생들에게는 인형극을 보여줬습니다. 지역에 있는 모든 단체도 방문했고, 그들의 모임이 있을 때는 언제든 찾아가 설명을 드렸죠. 방송 프로그램도 제작해 지역 케이블 채널에 정기적으로 나오도록 했습니다.

저는 재활용 분리수거를 두 가지 서로 다른 방향에서 접근했습니다. 첫째, 저는 납세자들에게 이렇게 호소했습니다. 우리가 해마다 쓰레기를 처리하는 데 얼마나 많은 돈을 들이는지, 재활용을 위한 분리수거가 어떻게 그 돈을 절약할 수 있는지 설명한 거죠. (당시 재활용 분리수거는 수익성이 매우 높은 사업이었습니다.) 둘째, 저는 환경보호에 관심이 많은 주민들에게 다가가 재활용이 쓰레기 매립을 줄일 뿐 아니라 자연을 보호하는 데도 얼마나 큰 도움을 주는지 설명했습니다. 그렇게 해서 저는 이제 거의 모든 사람이 공감할 만한 근거를 가지고 재활용 분리수거에 동참할 수 있게 했죠.

마지막으로 저는 공공사업국장으로서 모범을 보일 필요가 있다고 생각했습니다. 그래서 제 자동차 트렁크에 쓰레기봉투와 비닐장갑을 넣고 다니기로 했죠. 쓰레기가 널려 있는 곳을 지날 때마다 저는 차를 길가에 세우고, 내려서 쓰레기를 주워 담았습니다. 몇 주가 지나니 소문이 돌더군요. 공공사업국장이 스스로 쓰레기를 치운다고요. 제가 모범을 보이자, 어느 날 갑자기 다른 사람들도 쓰레기를 다르게 보기 시작했습니다. 작은 모범 사례가 어른, 아이 할 것 없이 많은 사람들에게 활력을 불어넣었습니다.

1년 만에 우리는 쓰레기 배출량을 3천 톤이나 줄이고 재활용 수거량을 거의 그만큼 늘렸습니다. 수십만 달러를 절약했고 20만 달러에 가까운 돈을 벌어들였죠. 몇 년이 지나자 수익이 거의 100만 달러에 이르렀습니다. 하지만 그 모든 것들 가운데 최고의 성과는 쓰레기가 사라지면서 거리가 깨끗해졌다는 겁니다! 사람들은 우리 지역의 깨끗함에 주목하며 자부심을 갖기 시작했습니다. 저는 이게 선출직 관리자의 역할이 얼마나 중요한지를 보여주는 사례라고 생각합니다. 그리고 우리의 의도가 올바를 때 우리가 얼마나 큰 일을 성취할 수 있는지 보여주는 사례라고 믿습니다.

이 이야기가 주는 교훈은 이런 것이다. 당신은 선출직 공직자로서 멋진 일을 해낼 힘을 갖고 있다. 당신이 그 일에 대한 믿음을 갖고 시민들이 따를 만한 모범을 보여주기만 한다면 말이다! 이 일로 나는 지역 사회에서 쓰레기를 흥미진진한 주제로 만든 유일한 인물이라는 언론의 찬사를 받았다.

2. 적은 것이
많은 것이다

연설 원고를 버리고 열정과 스토리텔링에 익숙해지기 시작했다면, 여기 청중을 사로잡는 두 번째 중요한 조언이 있다. 연설은 짧게 하라! 당신이 하는 말보다 당신이 공유하고 싶은 열정이 더 중요하다면, 당신은 어떤 대가를 치르더라도 그 열정을 유지하고 싶을 것이다! 그리고 사람들이 당신과 당신의 말이나 에너지 등에 좋은 감정을 느끼며 자리를 뜨길 바랄 것이다. 그렇게 하기 위해서는 프랑스 연극 쇼 〈보드빌Vaudeville〉의 오래된 격언, "사람들이 더 많은 걸 원하면서 자리를 뜨게 만들라"를 실천해야 한다. 그 오랜 무대의 배우들은 자신들이 하고 있는 일의 성격을 정확히 알고 있었다.

알다시피 당신이 아무리 뛰어난 연설가라도 사람들이 당신에게 할애하는 시간에는 한계가 있다. 당신이 연설에 필요 이상으로 많은 시간을 쓰면, 그만큼 많은 청중을 잃어버릴 수밖에 없다. 하지만 당신이 더 적은 시간을 쓰면, 사람들이 당신에 대해 더 많은 것을 원하며 자리를 떠나게 할 수 있다. 좀 더 적은 것이 좀 더 많은 것이다. 금이나 다이아몬드, 고급 보석이 수백 수천 달러의 값어치가 나가는 이유도 이와 같다. 모두 그 양이 한정되어 있기 때문이다.

정말 좋은 연설은 5분을 넘지 말아야 한다. 실제로 5분은 연설로 치면 당신이 생각하는 것보다 훨씬 더 긴 시간이다. 그럼에도 5분 내에 흥미진진하면서도 열정으로 가득 찬 연설을 할 수 있다면, 청중은 다른 연설가가 아닌 당신을 기억할 것이다. 또한 당신의 열정과 에너지, 그리고 당신이 어떻게 그들의 감정을 일깨웠는지를 기억할 것이다.

가장 중요한 점은 그들이 당신을 다시 보고 싶어 하고, 당신의 이야기를 다시 듣고 싶어 하리라는 것이다. 정치 세계에서 우리는 늘 사람들이 우리를 찾아주길 바란다! 그리고 자신의 지지 기반을 넓히고 싶어 한다. 그렇다면 사람들이 누군가를 따르게 하는 데 있어, 강력한 에너지를 동반한 열정의 공유보다 좋은 것은 없다.

3. 목소리와
마이크 사용법

당신의 목소리는 도구와 같다. 조율할 수 있고, 연마할 수 있고, 음색과 억양을 바꿀 수도 있기 때문이다. 물론 그러기 위해서는 연습이 필요하다. 나는 마이크를 거의 안 쓰는 걸로 유명했다. 하지만 대다수 사람들에게는 마이크가 필요하다. 그리고 솔직히 말해, 마이크 사용법을 모르는 사람의 말을 듣는 것보다 더 고통스러운 일도 없다. 꽤 많은 이들이 마이크를 입에 가까이 붙여서 말하는데, 그러면 듣는 사람 귀에 거슬리는 매우 거칠고 잡음이 뒤섞인 소리가 난다. 반대로 어떤 사람들은 마이크를 너무 멀리 띄우는 바람에 청중이 그의 말을 거의 알아듣지 못하기도 한다.

당신의 목소리 크기가 어느 정도인지 알아두고 마이크로 연습을 해야 한다. 사실 할 수만 있다면 친한 사람에게, 방 뒤편에 서서 당신 목소리가 언제 너무 크고 언제 너무 작은지, 혹은 언제 적당한지 알려달라고 부탁하는 것도 좋다. 그렇게 하다 보면 결국 어느 순간에는 당신 스스로 목소리를 조절할 수 있게 된다.

4. 보디랭귀지와
제스처

자기 모습을 살피고 고치면서 계속 연습하다 보면 연설에 맞는 적절한 제스처를 배울 수 있다. 커뮤니케이션이 말로만 이뤄지는 것은 아니다. 입으로 나오는 말 외에 보디랭귀지, 목소리의 어조, 얼굴 표정 같은 것들이 메시지의 큰 부분을 차지한다. 제스처와 표정 관리법을 배우는 데는 시간과 연습이 필요하다. 그리고 여기서도 자기 인식이 중요하다.

좀 더 나은 보디랭귀지를 체득하는 가장 좋은 방법은 아는 사람에게, 당신이 말하고 있을 때 촬영을 부탁하는 것이다. 그러면 당신이 말하고 행동했던 모든 것을 살펴볼 필요가 있을 때마다 그 영상을 보면 된다. 이건 책으로 가르치기는 어렵고, 당신이 보디랭귀지에 꾸준히 관심을 기울이며 신경 쓸 때만 얻을 수 있는 기술이다. 그렇게 계속 연습하다 보면 당신의 제스처를 그때그때 말과 감정에 어울리도록 하는 명민한 능력을 발휘하게 될 것이다. 이런 것들이 모이면 뛰어난 연설가의 길로 나아갈 수 있다. 이 분야에서 일취월장을 바라는 사람들에게는 연설 코치의 개인 교습을 추천하고 싶다.

5. 눈 맞추기

눈 맞추기는 사람들 간의 상호작용에서 매우 큰 영향을 미치는 요소다. 그것은 자신감, (때에 따라서는) 위세, 진실성, 존경심을 드러내며, 사람들이 당신에게 관심을 기울이도록 유도한다.

대중 앞에서 연설을 할 때 당신은 어떻게든 모든 사람과 눈을 맞추고 있음을 보여주고 싶을 것이다. 이와 관련해 연설 교습에서 내가 가르쳤던 방법 가운데 하나로 '시계 방향 기법'clock rule이란 것이 있다. 청중이 시계의 절반 상단에 자리 잡고 있다고 상상해보라. 당신 왼편에 있는 청중은 9시에서 11시 방향에 있다. 정면 한가운데 있는 이들은 12시 방향에 있다. 오른편에 있는 사람들은 1시에서 3시 방향에 있다. 청중으로 있는 모든 사람에게 그들과 당신이 서로 소통하고 있음을 보여주기 위해서는 먼저 9시 방향을 쳐다보라. 그러고 나서 당신 가까이에 있는 사람들과 멀리 끝 편에 있는 사람들 모두와 눈을 맞출 수 있도록 천천히 눈빛을 아래위로 움직여라. 그렇게 계속 시계 방향으로 고개나 몸을 돌려 3시 방향까지, 그러니까 당신의 오른쪽 끝 편에 있는 사람들에게까지 눈길을 주어라. 일단 이렇게 한번 하고 나면, 그다음엔 반대 방향에서부터 같은 방식으로 시선 처리를 해도 좋고, 아니면 다시 9시 방향부터 시작해도 좋다.

처음 이 모든 것에 주의를 기울이려 할 때는 꽤나 벅찬 일처럼 느껴질 수도 있다. 하지만 반복을 거듭하면 할수록 새로운 습관이 생겨나고, 그런 것들에 굳이 신경 쓰지 않더라도 당신 마음이 저절로 매번 그것들을 하고 있을 것이다. 모든 위대한 연설가도 수없이 많은 연습을 통해 그렇게 되었다는 것을 기억하길 바란다.

6. 어조

어조는 목소리의 조절 또는 변화로 정의할 수 있다. 이걸 북소리 같은 것이라고 생각해보자. 위대한 연설가라고 하는 사람들의 연설을 주의 깊게 들어보면, 그 목소리가 특정한 리듬을 따르고 있음을 알게 된다. 이게 무슨 말이냐면, 당신의 연설이 쉽게 기억되는 몇 마디 어구로 일정한 리듬을 타면 사람들은 당신이 하는 말을 더 쉽게 따라갈 수 있다는 것이다. 존 F. 케네디 대통령과 그의 아버지로 영국 주재 대사를 역임했던 조지프 P. 케네디는 어조를 가진 연설로 유명했다.* 그들처럼 당신도

---

* 존 F. 케네디(1917~1963)의 연설은 시적 표현과 유사하게 두운을 맞추고, 핵심어가 운율을 따라 규칙적으로 반복되는 형식을 띠곤 했다. 그 유명한 대통령 취임 연설의 마지막 부분도 그랬다. "나의 미국 동료 시민 여러분, 조국이 여러분을 위해 무엇을 할 수 있는지 묻지 말고, 여러분이 조국을 위해 무엇을 할 수 있는지 물어보십시오. 나의 전 세계 동료 시민 여러분, 미국이 여러분을 위해 무엇을 할 것인지 묻지 말고, 우리가 함께 인류의 자유를 위해 무엇을 할 수 있는지 물어보십시오."

당신만의 어조를 만들어내는 법을 배운다면, 그 어조에 따라 제스처를 취하는 것도 연습할 수 있다. 그렇게 제스처와 결합된 어조는 연설에서 중요한 부분을 강조하는 데 도움을 줄 것이다.

청중에게 중요한 주장을 제시한 후에는 잠시 말을 멈춰라. 이렇게 말을 멈추는 것은 당신이 방금 한 말이 매우 중요하고 주목할 만한 가치가 있음을 알리는 무의식적 신호다. 멈춤이 길면 길수록 그 주장도 그만큼 더 중요해진다. 실제로 연설에서 내가 봤던 가장 긴 멈춤은 이스라엘 총리 베냐민 네타냐후의 경우가 아닐까 싶다.

중요한 유엔 연설에서 그는 45초 동안 말을 끊고 멈춘 채 청중을 빤히 쳐다봤다. 그 시간은 평생처럼 길게 느껴졌고, 분명 그로 인해 청중석에 있는 사람들 모두가 큰 불편함을 느꼈을 것이다. 네타냐후는 반이스라엘 감정이 확산되고 유엔 회원국 다수가 이스라엘의 입장을 지지하지 않는 데 화가 나 있었다. 연설 역사상 가장 긴 멈춤으로 보이는 그 상황에서 그의 분노는 눈빛 속에도

담겨 있었지만, 바로 그 멈춤으로 인해 모든 사람이 그
가 얼마나 화가 나 있는지 알게 되었다. 실제로 말을 끊
고 멈춰 있는 동안 네타냐후는 모든 청중을 둘러보면서
그들의 눈을 응시했다. 누구도 그의 차갑고 날카로운 시
선을 피할 수 없었다. 이 연설은 유튜브에도 올라와 있
다. 효과적인 눈 맞추기와 말 멈추기 방법을 배우려는
사람들에게는 참고하기 좋은 영상이다.

당신이 하는 많은 연설에서 좋은 어조를 드러내는 것도
바람직하지만, 매우 중요한 주장을 제시할 때는 확실하
게 말을 멈출 필요가 있다. 그 멈춤의 시간을 통해 당신
은 자신의 주장이 얼마나 중요한지 강조할 수 있다.

7. 세 번 말하기

앞에서 언급한 대로 사람들은 당신이 실제로 말한 것의
아주 작은 부분만 기억한다. 청중이 당신의 연설 가운
데 꼭 기억했으면 하는 주장 몇 가지 또는 (추천컨대) 단
하나가 있다면, 그 주장을 연설 중에 세 번은 말해야 한

다. 쉽게 말해, 어떤 사람이 당신의 주장을 제대로 이해하거나 당신이 말한 것을 기억하게 하려면 적어도 세 번은 말할 필요가 있다는 것이다. 다시 킹 목사의 연설을 예로 들자면, 그가 "나에겐 꿈이 있습니다"를 여러 차례 말한 것도 바로 그런 이유 때문이다. 이것은 그의 선전 문구이자 핵심 주장이었다. 당신이 연설에서 제시한 한두 가지 논점을 청중이 가져가길 바란다면, 그것을 연설 전반에 걸쳐 세 번씩 말하는 방법을 찾아내야 한다.

✦

연습이야말로 당신의 연설 실력을 키우는 최선의 방법이다. 다음은 연설과 관련해 기억해두면 좋을 핵심 포인트를 정리한 것이다.

- **연설 원고 읽기는 피하라.**
- **마이크 쓰는 법을 배워라.**
- **청중과 눈을 맞춰라.**
- **어조를 갖고 말하고, 중요한 주장을 한 후에는 잠시 말을 멈춰라.**

- 중요한 주장은 세 번 이상 말하라.
- 연설을 짧게 해서 청중이 더 많은 것을 바라며 떠나게 하라.

소셜 미디어

"정적들은 당신을 망치는 데 활용할 수 있는 게시물을 당신이 올리기만 기다릴 것이다. 수단을 가리지 않는 것은 사랑과 전쟁만이 아니다. 정치도 당연히 그렇다."

소셜 미디어의 등장만큼 정치권에 큰 변화를 몰고 온 것도 없다. 소셜 미디어는 모든 사람이 자기 의견을 밝힐 수 있는 플랫폼을 제공함으로써 정치 경쟁의 장을 크게 개방하고 공평하게 만들었다. 소셜 미디어를 보면 사람들은 정말이지 다양한 의견을 가진 것처럼 보인다. 소셜 미디어에는 페이스북, 트위터, 인스타그램 등이 있고 유튜브도 빼놓을 수 없다. 당신이 어떤 플랫폼을 사용하든, 이들 중 하나 혹은 모두를 사용하든, 그것이 가져다주는 혜택과 위험 모두를 잘 알고 있어야만 한다.

정치인이 가장 먼저 이해해야 할 점은 소셜 미디어는 자기 모습의 확장판이라는 것이다. 대부분의 사람들은 주로 소셜 미디어를 통해 당신과 당신 주변 사람들에 대한 거의 모든 것, 그러니까 사적인 것부터 정치적인 것까지 많은 것을 알게 된다. 즉 소셜 미디어는 어떻게 활용하느냐에 따라 당신의 이미지를 개발하고 개선하고 유지하거나 망칠 수도 있는, 엄청난 잠재력을 지닌 도구다. (이 장은 뒤에서 다룰 이미지 개발과 관리에 관한 장에 이어지는 내용으로 봐도 좋을 것이다. 그러나 대중의 주목을 받는 공직자를 비롯한 많은 사람이 소셜 미디어와 관련해 종종 어처구니없는 실수를 저지르는 것 같아, 그 내용을 별도의 장으로 나눠 다루기로 했다.)

인터넷을 비롯해 모든 디지털 미디어를 생각할 때 가장 먼저 알아둬야 할 것은 그것의 항구성이다. 일단 당신이 '공유'나 '보내기' 버튼을 누르고 나면, 모두가 그 즉시 그리고 아마도 영원히 그 내용을 볼 수 있게 될 것이다. 공유한 것을 삭제하더라도 누군가는 그 내용을 캡처해두었을 것이다. 만약 당신이 정치인이라면, 당신이 무엇인가를 공유할 수 있다는 그 이유만으로 당신이 공유한 모든 것을 저장하는 사람들이 분명 있을 것이다. 또한 당신의 정적들이 뒤에 숨어서 당신이 공유한 내용을, 당신의 지지자들보다 더 많이 확인할 것이라고 확신해도 좋다. 그들은 당신의 평판을 해치거나 당신에 대한 믿음을 떨어뜨리거나 당신을 망치는 데 활용할 수 있는 게시물을 당신이 올리기만 기다릴 것이다. 수단을 가리지 않는 것은 사랑과 전쟁만이 아니다. 정치도 당연히 그렇다.

이 장에서는 소셜 미디어 도구들에 대해, 그들 각각이 어디에 좋고 어디에 좋지 않은지 설명할 것이다. 그러니 우선 당신의 소셜 미디어 자체에 대해, 그리고 거기에 어떤 내용을 올려놓았고 올려놓지 않았는지 생각해보면 좋겠다. 만약 당신이 상대편이라면 그 게시물 내용을 당신에게 불리한 방식으로 어떻게 활용할 것인지도 늘 생각해보기 바란다. 당신의 정적들이 어떻게 생각할지에 대해 생각하는 법을 배우면, 소셜 미디어의 파괴적 성격을 이해하게 될 뿐만 아니라 당신이 거기에 게시하거나 공유하는 것들에 대해서도 충분히 신중해질 수 있을 것이다.

페이스북

페이스북을 통해 내가 배운 것이 하나 있다면, 참으로 많은 사람이 일을 하지 않는다는 것이다. 그들에게 직장이 없다는 뜻이 아니다. 직장이 있어도 그다지 열심히 일하지 않는다는 말이다. 어떤 이들은 하루 종일 게시물을 올리고 또 올리고 또 올린다. 어떤 이들은 페이스북에 몰래 숨어서 스토킹을 한다. 또 어떤 사람들은 그 지긋지긋한 게임들을 하며 당신에게 초대장 보내기를 즐긴다. 또한 자기 얼굴을 옛날 영화배우나 역사 속 인물로 바꿔주는 여러 가지 앱을 가지고 노는 사람들도 있다.

이렇게 말하는 것의 요점은 페이스북이 우리 사회의 거의 모든 사람이 참여하는 주된 논의의 장이 되었다는 것이다. 남녀노소를 불문하고 모두가 거기에 이름을 올리고, 거기에 머문다. 당신이 귀여운 동물이라면, 동물 셀럽이 되는 가장 쉽고도 빠른 방법이 거기에 있다. 내가 아는 거의 모든 정치인은 페이스북 페이지를 갖고 있다. 그런데 그들이 저지르는 첫 번째 실수가 바로 그 페이스북 개인 페이지다.

선출직 대표나 정치 세계에 깊이 관여하는 사람들은 두 개의 페이스북 계정을 별도로 관리해야 한다. 하나는 가족과 친구를 위한 것이고, 다른 하나는 공식 페이지로 당신이 지금 맡고 있거나 맡고자 하는 직위를 위한 것이다. 바꿔 말해, 당신의 공적 인격을 위한 별도의 페이지가 필요하다는 것이다.

페이스북
팬 페이지

페이스북에서 존재감을 유지하며 팬들과 유권자, 일반인들과 소통하는 적절한 방법은 '팬 페이지'를 활용하는 것이다. 이는 당신을 팔로우하고 싶은 사람들이 '친구 요청'을 보내는 대신 '좋아요'를 누르도록 하는 것을 의미한다.

팬 페이지를 운영하려면, 통상적으로 그것에 맞는 프로필이 필요하다. 이렇게 하면 공적 생활과 사적 생활을 분리하는 데 도움을 받을 수 있다. 솔직히 말해, 정치 세계에서는 사생활이라고 할 만한 것이 많지 않지만 말이다. 어쨌든 당신이 만든 통상적인 프로필에는 일종의 별명이나 줄여서 부르는 이름을 내걸 수도 있다. 그리고 당신이 공인이라면, 개인 페이스북 페이지는 최대한 비공개로 설정하고, 팬 페이지가 공적 논의의 장이 되도록 하는 것이 좋다.

일단 팬 페이지를 개설하고 나면, 그것을 당신이 맡고 있거나 맡으려는 직위와 관련된 것들만 공유하는 플랫폼으로 활용하는 것이 좋다. 달리 말해, 공적인 인격으로만 구성해야 한다는 것이다. 가족 생활이나 사생활에 관한 것을 공유할 경우에는 진짜 사적인 것은 드러나지 않도록 완벽하게 연출된 게시물만 올려야 한다. 예를 들어, 휴가나 가족 바비큐 파티 사진은 개인 페이스북 페이지에만 올리고, 후보나 선출직 대표로서 당신의 위상을 보여주는 공식 바비큐 파티 같은 것은 팬 페이지에 올리면 좋다. 팬 페이지는 당신의 지지자들과 친교를 유지하며 소통하기에 매우 좋은 도구다. 그런 만큼 게시하는 모든 내용은 당신의 공식 직무나 선거운동과 관련된 것들로 구성해야 할 것이다.

페이스북 팬 페이지의 또 다른 장점은, 일정한 비용을 지불하면 당신이 올린 게시물이나 제작한 광고를 널리 홍보할 수 있다는 것이다. 점점 더 많은 사람이 온라인으로 뉴스를 접하고 전통적인 텔레비전 시청은 외면하는 상황에서, 이제 정치 광고는 소셜 미디어의 모든 측면을 활용하는 방향으로 움직이기 시작했다. 페이스북은 여기에 최적화된 플랫폼이다!

페이스북 개인 페이지의 경우, 게시물을 올릴 때는 여전히 신중에 신중을 기할 것을 강력히 권하고 싶다. 당신이 선택한 사람 외에는 누구도 사진과 정보를 볼 수 없도록 개인정보 보호와 보안 설정을 최고 수준으로 설정해놓아도 구멍이 생기는 경우가 있다. 여기 일종의 리트머스 시험지 같은 것이 있다. 무엇인가를 게시하고 공유하려할 때마다 다음 질문들을 생각하고 결정하기 바란다.

- 이 게시물이 지금까지 내가 구축한 이미지를 뒷받침하는 데 도움이 되는가?
- 이 게시물이 정치 광고에 나오면 내 이미지에 타격을 주는 것은 아닌가?
- 지금 공유하려는 것이 10년 후에도 내가 자랑스러워할 만한 것인가?

의심스럽거나 문제가 될지도 모른다고 생각하면, 최대한 공유하지 않는 편이 낫다. 기억하기 바란다. 사촌들에게 당신의 휴가 사진을 정말로 보내고 싶다면, 언제든지 이메일을 쓰면 된다. 다만 사촌들이 그 사진을 자기들만 보고 비밀에 부칠 것이라는 확신이 있어야 할 것이다. 수영복을 입고 꽃목걸이를 건 채 한 손에 술잔을 들고 춤을 추는 사진은, 정적들이 당신이 얼마나 많이 파티를 즐기는 사람인지 보여주기 위해 여러 사람에게 퍼뜨릴 수 있는 좋은 소재가 될 것이다. 물론 파티를 즐기는 건 당신의 권리다. 솔직히 말해, 당신은 원하는 것이면 무엇이든 할 수 있다. 하지만 이것이 정치다. 당신에게 불리하게 사용될 무엇인가를 기꺼이 하겠다고 한다면, 그로 인해 야기되는 비난도 오로지 당신이 책임져야 한다.

트위터

나는 정치권과 기업계에서 이뤄지는 점점 더 많은 활동이 140자 이내로 끝나는 것을 보아왔다. 트위터(지금의

엑스)는 매우 독특한 플랫폼이다. 개인적으로 나는 트위터를 사용하지 않지만 트위터 계정은 갖고 있다. 트위터는 사람들이 어느 한순간 머릿속에 떠오르는 것을 게시하는 의식의 흐름 같다는 생각이 든다. 문제는 대부분의 경우 머릿속에 떠오른 내용을 트윗하기 전에 점검하고 거르는 과정을 거칠 필요가 있다는 것이다.

당신이 다양한 주제와 이슈로 사람들과 소통하고 싶은 유명 정치인이 아니라면, 트위터는 가급적 쓰지 않기를 바란다. 물론 트윗을 계획적으로 작성하고 그 게시글을 당신의 페이스북이나 유튜브 계정에 연동할 수도 있다. 하지만 그런다고 해서 실제로 많은 사람의 관심을 끄는 것도 아니며, 그렇게 노력할 필요도 없다고 생각한다. 트위터는 매일매일 정기적으로 다른 사람들과 소통할 목적을 지닌 사람들이 사용하는 서비스다. 당신이 공직에 출마한다면, 어떤 이슈에 대해 면밀하게 평가하고 점검하고 편집하지 않은 공적 발언은 최대한 삼가는 것이 좋다.

다시 한번 강조하건대, 트윗을 올리기 전에 잠시 멈추고 한 번 더 생각해보라. 앞에서 소개한 질문들을 스스로에게 물어보라. 내가 오랫동안 간직해온 믿음은, 정치 세계에서는 안전하게 행동하는 것이 장기적으로 좋은 결과를 가져다주는 최선의 길이라는 것이다. 트위터는 결코 아마추어를 위한 도구가 아니다. 반대로 적대자나 도발자로서의 역할을 해보고 싶다면 꼭 트위터를 활용하라! 그렇지 않은 나머지 사람들에게는 트위터를 안전하게 사용하라고 말하고 싶다.

트위터 사용과 관련해 마지막으로 당부하고 싶은 중요한 조언이 있다. 당신의 직원이나 비서가 대신 트위터를 활용하도록 허락해서는 절대로 안 된다는 것이다. 페이스북에 승인받은 사진과 이야기를 공유하는 경우와 달리, 트위터는 의식의 흐름을 보여주는 플랫폼이다. 140자 이내의 범위에서 무엇을 말할지 결정하는 사람은 오직 당신뿐이어야 한다. 그리고 그렇게 당신이 혼자 할 때조차도 신중에 신중을 기해야 한다. 공인들은 올리지 말았어야 할 트윗으로 늘 곤경에 처하곤 한다.

인스타그램

인스타그램은 좀 더 안전하고 친근한 플랫폼이다. 이것은 대체로 글보다는 사진에 초점을 둔다. 물론 인스타그램은 밈으로 가득 차 있고, 그래서 쉽게 당신을 곤경에 빠뜨릴 수도 있다. 그럼에도 사진을 게시하는 경우, 전문가다운 모습이 드러나도록 하고, 셔츠를 벗고 있거나 헐렁한 옷차림의 해변 사진은 올리지 않기 바란다. 또 사진에서 술이 나타나지 않도록 하고, 최대한 편향되지 않은 모습을 유지하는 것이 좋다. 여기서도 당신이 올리는 게시물이 어떤 식으로든 당신에게 불리하게 활용될 수 있는지 계속 자문해봐야 한다.

기억하기 바란다. 이것이 정치다. 이렇게 해서 만약 정적들이 당신에게 불리한 어떤 것을 찾아낼 수 없다면, 그들은 어떻게 해서든 그것을 만들어낼 것이다. 물론 당신이 다른 사람들과 공정한 게임을 벌이겠다고 한다면 그들도 대개는 당신을 공정하게 대할 것이다. 하지만 반드시 그렇다는 보장은 없다. 늘 예외가 존재하기 마련이다.

유튜브

대부분 사람들은 유튜브가 두 번째로 큰 검색 엔진이라는 사실을 잘 모른다. 물론 가장 큰 검색 엔진은 구글이고, 이제 구글이 유튜브를 소유하고 있다. 어떤 것 혹은 어떤 사람에 대해 알고 싶다면, 그냥 유튜브를 검색하면 된다. 어딘가에서 누군가가 그 주제에 대한 영상물을 만들었거나 올려놓았을 것이다.

유튜브는 동영상을 공유할 수 있는 멋진 자원이며, 당신 같은 정치인에게는 최고의 도구다. 동영상을 녹화하고 유튜브에 게시한 다음에는, 비록 짧은 버전이긴 하지만 그것을 페이스북 페이지, 트위터, 그리고 인스타그램에까지 공유해도 좋다. 게다가 지금은 예전보다 동영상을 녹화하기가 훨씬 더 편하다. 스마트폰이나 컴퓨터의 내장 캠을 쓰면 된다. 촬영한 동영상은 몇 번 정도 살펴보고 게시하기 바란다. 다시 한번 강조하지만, 나중에 당신을 괴롭힐 수도 있는 내용을 말하거나 보여주지 않도록 주의해야 한다. 제3자의 의견을 듣기 위해 당신이 믿을 만한 사람에게 영상을 검토해달라고 요청하는 것도 꼭 필요한 일이다.

동영상을 유튜브에 업로드한 후에도 페이스북 영상 탭을 활용해 별도로 페이스북에 올리기를 권한다. 이유는 페이스북이 엄청난 로그 알고리듬들을 많이 활용하고 있기 때문이다. 이들 알고리듬은 사람들을 다른 사이트로 보내려 하지 않는다. 페이스북은 유튜브를 갖고 있지 않기 때문에 자기들 동영상을 모든 사람에게 보여주기는 어렵다. 하지만 다른 한편으로 페이스북 알고리듬은 자기네 동영상 플랫폼을 홍보하고 싶어 하며, 확실히 더 많은 사람에게 보여주고자 할 것이다. 그런 만큼 일정한 비용만 지불하면 당신은 더 많은 시청자를 얻을 수 있을 것이다.

팟캐스트

당신이 플랫폼을 통해 바깥세상 사람들과 소통하는 또 다른 멋진 방법은 당신 자신의 팟캐스트를 시작하는 것이다. 팟캐스트는 쉽게 말해 당신 이름을 내건 라디오 쇼 같은 것이다. 고급 마이크 구매에 90달러 정도만 투자하면 전문가 못지않은 목소리를 전할 수 있다. 많은 정치인이 자기만의 팟캐스트를 운영하고 있는데, 이 플랫폼을 통해 당면 이슈에 대한 논쟁에 뛰어들어 자기 생각을 밝힐 수 있기 때문이다.

팟캐스트는 사람들에게 당신을 알리는 좋은 도구이기도 하다. 다른 게스트를 초대하면 그 사람의 청취자들에게 당신을 소개할 수 있고, 그 사람도 당신의 청취자들과 접할 수 있는 교차 마케팅도 가능하다. 뉴욕의 전설적인 시장, 피오렐로 라과디아Fiorello La Guardia는 주말마다 라디오에 출연해 아이들에게 만화를 읽어준 것으로 유명하다.* 프랭클린 루스벨트 대통령은 라디오를 통해 그

---

* 피오렐로 라과디아(1882~1947)는 미국의 정치인이자 법조인이다. 공화당 내 진보 성향의 인사로 12년간 6차례에 걸쳐 연방 하원의원을 역임했으며, 이후 12년간 3연임을 통해 뉴욕 시장으로 복무했다. 의원 시절에는 여성의 투표권 보장, 아동노동 금지법을 지지하고 노동조합 활동의 자유를

의 노변정담fireside chats을 국민들에게 전했다.* 그 외에도 수많은 정치인이 여러 해에 걸쳐 자기 생각을 대중에게 알리고 소통하는 수단으로 라디오를 활용했다. 팟캐스트는 엄청나게 재미있고, 소셜 미디어에 올라오는 다른 게시물과 마찬가지로 당신의 모든 플랫폼에 공유할 수 있으므로 가능한 한 많은 청취자를 확보할 수 있다. 팟캐스트를 활용해 정기적으로 방송을 한다면 당신은 열혈 청취자 집단을 얻게 되고, 그들은 자기 친구들에게도 당신 방송을 공유하고 홍보할 것이다.

확대하는 노리스-라과디아 법안Norris-La Guardia Act을 발의했다. 시장 임기 동안에는 정치 부패, 조직 범죄와 맞서 싸우며 루스벨트 행정부와 발맞춰 사회복지사업 확대와 저소득층을 위한 주택 제공에 노력했다.

* 프랭클린 루스벨트(1882~1945)의 노변정담은 대공황부터 제2차 세계대전까지 연방정부의 주요 정책 결정 내용을 대통령이 직접 라디오를 통해 설명한 대국민 소통 사례로, 당시 경제위기와 전쟁에 따른 두려움과 불확실성으로 고통받던 많은 국민에게 큰 위안을 주었다고 한다. 노변정담이란 말은 루스벨트가 청취자들을 마치 자기 집 난롯가에 모여 앉은 사람들인 것처럼 생각하며 편안하게 라디오 연설을 했다는 데서 유래했다.

소셜 미디어
관리하기

나는 내 명의의 소셜 미디어를 직접 관리하지 않는다. 공인이자 사업가로서 나를 위해 그 일을 대신 해줄 사람을 따로 두고 있다. 정치를 하거나 선출직을 맡고 있는 사람이라면, 소셜 미디어 관리는 전문 업체에 맡길 것을 강력히 권하고 싶다. 큰 비용이 드는 것도 아니며 당신이 바라는 대로, 이를테면 하루나 이틀에 한 번, 혹은 일주일에 한두 번 등 당신이 원하는 방식에 따라 맞춤형 서비스를 제공받을 수 있다. 원하는 것은 무엇이든 가능하다. 실제로 내 소셜 미디어를 관리하고 있는 두 친구는 최근에 정치인과 선거운동을 위한 소셜 미디어 관리 사업도 시작했다. 물론 대다수 정치인은 지역 단위에서 활동하므로 여기에 쓸 수 있는 예산도 적을 것이다. 게다가 당신에게 시간까지 부족하다면, 가족 구성원이나 당신을 위해 그 일을 맡아줄 다른 누군가를 찾아보면 좋겠다. 그리고 그들에게 이 책과 이 장을 먼저 읽어보게 하면 좋을 것이다.

소셜 미디어를 자신이 관리하든 대행업체에 맡기든, 메시지와 댓글은 당신이 직접 작성하고 싶을 것이다. 나는 항상 내 모든 메시지와 댓글에 대한 답글을 직접 쓴다. 누가 소셜 미디어를 관리하든 여전히 당신이 관여해야 한다. 게시와 공유 정도는 다른 사람이 대신해서 할 수 있지만, 메시지는 늘 당신이 직접 작성하기를 권한다.

경고와 충고

"모든 것이 평온해 보이고 당선이
확실한 것처럼 느껴지는 바로 그때,
타이태닉호를 기억하라.
바다는 유리처럼 잔잔했지만,
빙산이 다가오는 것을
너무 늦게서야 보고 말았다."

일부 정치인들에 대해 널리 알려진 부정적 인식을 조명하고, 모범적인 정치인이자 좋은 정부의 대표가 되는 일의 중요성에 대한 인식을 제고하고 싶은 마음에서 다음과 같은 내용을 제안하고자 한다.

정치권에서 나는 정상까지 올랐다가 고꾸라진 정치인들을 꽤 많이 보았다. 실제로 그런 일을 여러 차례 직접 경험했고, 그중에는 개인적으로 잘 아는 사람이 한때는 강자였으나 몰락하고 만 경우도 목격했다. 그 덕분에 나는 그들을 정치적 몰락으로 이끈 공통된 요소들에 주목할 수 있었다. 당신이 정치 세계에서 어떤 역할을 하든, 얼마나 높은 공직에 오르든, 정치적 허수아비가 되지 않기 위해서는 반드시 피해야 할 것이 몇 가지 있다. 정치의 바다에는 수많은 빙산이 있다. 당신이 이 세계에서 살아남고 싶다면, 그 빙산들과 정면으로 충돌하기 오래전부터 그것들을 찾아내야 한다. 다음에 소개하는 치명적인 실수들 중 어느 하나를 저지르고 있는 것은 아닌지 스스로 점검해보면 좋겠다.

뛰어난 재능을 지닌 데다 머리도 매우 좋아서 권력을 잃을 것이라고는 상상도 못 했던 사람들이 그런 일을 당하는 경우가 종종 있다. 그것도 하룻밤 사이에 말이다. 다른 누군가가 그들보다 더 똑똑하거나 더 뛰어난 전략을 짰기 때문에 그런 일이 벌어지는 경우는 극히 드물다. 대개는 아래에서 제시한 것들 중 어느 하나 혹은 그 이상의 잘못을 저지르거나 매우 잘못된 결정을 내렸기 때문이다. 그렇다면 어떻게 그런 일이 벌어질까? 그런 일을 피하기 위해서는 어떻게 하면 좋을까? 당신이나 당신의 동료 정치인들이 얼마나 많은 잘못을 저지르는지 읽고 판단해보기 바란다.

작은 울타리에
갇히지 마라

정치는 권력을 다루는 일이다. 이상적으로 말해, 권력은 좋은 목적을 위해 효과적으로 사용해야 한다. 그런 권력을 획득하고 유지하기 위해서는 사람들이 생각하는 것을 잘 알고 있어야 한다. 당신 주변의 모든 사람, 모든 것에 주의를 기울이고 있어야 한다. 여러 집단과 정보의 흐름을 파악할 수 있는 촉수를 지니고 있어야 한다는 말이다.

나는 정치인들이 소수의 사람들과만 대화하고 교류하는 작은 울타리에 갇혀 있는 경우를 너무나 많이 봐왔다. 문제는 그런 소수의 사람들이 대체로 당신이 듣고 싶어 하는 말만 한다는 것이다. 사실 그들은 '자신들 판단에 따라' 당신이 들어주기를, 알아주기를 바라는 말만 하고 있는 것이다. 당신 주변 사람들도 그들 자신의 권력을 유지하기 위해 노력하고 있을지도 모른다는 것을 깨달아야 한다. 때가 되면 당신 주변 사람들과 연락이 끊기고, 당신의 배가 빙산과 부딪히는 것도 모르게 될 것이다. 그때는 이미 당신의 배가 가라앉고 있을 것이다.

"임금님이 옷을 입지 않았다"는 말을 들어본 적이 있을 것이다. 당신의 울타리 속에 있는 사람들은 당신이 '벌거벗었다'고 절대로 말하지 않을 것이다. 많은 정치인이 '예스맨' 또는 드물게 '예스우먼'에 둘러싸여 있다. '노'라고 말하지 못하는 그런 사람들은 자기 리더가 길을 잃고 있다는 사실을 알리기를 꺼려 한다.

진실을 듣는 것을 두려워하지 마라. 정치에서 오랫동안
성공하기 위해서는 세상 사람들과 널리 소통하며 현실
적인 태도를 취해야 한다. 필요할 때 정직하고 솔직하게
말하는 사람들을 늘 당신 곁에 두어라. 서로 다른 관점
을 지닌 다양한 사람들에게 의견을 구하라. 그러면 필요
할 때 방향을 바꿀 수 있고, 어떤 일이 실패의 길로 향할
때 다른 길을 선택할 수 있다.

이런 까닭에 성공한 정치인이 보유한 가장 큰 자산은 바
로 사람이다. 사람들과 가까이 지내며, 그들의 말을 주
의 깊게 듣고, 그들을 잘 대우해주기 바란다. 그러면 그
들도 당신에게 똑같은 충성심을 보일 것이다.

상대편 가족은
건드리지 마라

아, 복수! 그것은 권력을 중개하는 정치 세계에서 많은
사람이 갈망하는 달콤한 묘약 같은 것이다. 결국 당신의

적들을 조리해서 담은 한 접시의 먹음직스러운 요리보다 더 좋은 것이 어디 있겠는가? 내가 여기서 말하는 복수는 정치권력을 이용해 당신 정적의 가족과 친구들에게 고통을 주는 것이다. 개인적으로는 만족스러울지 모르겠지만, 그런 행동은 결국 당신이 지닌 권력에도 해를 끼치기 마련이다. 이것이 정치다.

가장 중요한 규칙은 어떤 사태 혹은 상황을 절대 개인적인 차원으로 받아들이지 말라는 것이다. 정치는 편을 나누고 자기편을 위해 싸우는 일이다. 당신은 반대편에 서 있는 사람들과 마주하게 될 것이다. 하지만 그렇다고 해서 그들에게 복수심을 품어서는 안 된다. 지금까지 나는 자신이 한 번도 잘못한 일이 없다고 생각하는 사람을 본 적이 없다. 사람 일이 다 그런 것이다.

복수의 문제는 그것이 모든 것을 집어삼키며 당신의 사고와 비전을 흐리게 만든다는 데 있다. 대중은 누가 당신에게 잘못을 했는지 신경 쓰지 않는다. 그래서 만약 당신의 에너지를, 당신을 지지하지 않았을 수도 있는 그런 사람들에게 복수하는 데 쏟거나, 더 좋지 않은 경우로 그들의 가족과 친구들에게 타격을 주고자 한다면, 당신은 자신을 위한 정치적 장송곡을 노래하기 시작하는 것이다.

당신의 정치적 종말을 보장하는 최악의 실수는 사람들을 개인적으로 공격하는 것이다. 당신이 후보로 선출되는 데 반대 운동을 했던 동료 정치인에게, 당신이 사는 도시에서 일하는 친척이 있다고 가정해보자. 당신이 선거에서 승리한 후 그들 가족이 당신을 지지하지 않았다는 이유만으로 (당신 직위를 이용해) 그 친척에게 타격을 주겠다고 하면, 당신은 결국 그 일로 큰 대가를 치를 것이다. 단기적으로는 승리할 수 있다. 하지만 장기적으로는 패배할 것이다.

절대로, 반복해서 강조하건대, 절대로 누군가의 가족을 공격하지 마라. 그런 공격은 그들과 그들의 가족, 그리고 그들의 모든 친구들이 당신을 제거하기 위해 모든 에너지를 쏟도록 하는 데 힘을 실어주고 열정을 북돋아줄 뿐이다. 어느 누가 그런 위험을 감내하겠냐고 물을지도 모르겠다. 하지만 그들은 분명 그럴 것이다.

또 다른 문제는 당신이 복수에 몰두하게 되면, 당신 주변 사람들이 서서히 자신도 다음 대상이 될지 모른다고 생각하기 시작한다는 것이다. 복수를 목표로 하는 것은 긍정적이지도 건설적이지도 않기 때문에, 당신 조직에서 사람들이 빠져나가는 사태가 벌어질 것이다. 그런 목표는 부정적이고 파괴적이다. 거기에 사용하는 에너지로는 결코 사람들을 끌어모을 수 없다. 그런 행동은 사람들을 떠나게 만들 뿐이다.

자아도취를 피하라

누구에게나 자존심이 있다. 정치권에서는 다른 사회 영역에서보다 더 큰 자존심들을 보게 된다. 그런 자존심이 정치 세계에서는 엄청난 역할을 한다. 핵심은 그렇게 큰 자존심을 절제하는 것이다. 지나친 자존심만큼 정치적 통찰력을 흐리게 하는 것도 없다. 최악의 자존심은 대체로 상당 정도의 자아도취나 반사회적 인격 장애를 동반한다. 우리 모두는 그런 사람들을 몇 명 정도는 알고 있다.

일반적으로 그런 사람들은 교활하고 교묘하며 위협적인 방식으로, 매우 빠르게 권력의 정상에 올라간다. 하지만 그들은 거의 대부분 추락하기 마련이다. 시간이 좀 걸릴 수는 있다. 하지만 내 말을 믿어도 좋다. 그들은 분명 추락할 것이다. 이런 인성을 가진 이들을 조기에 발견하는 법을 배우면, 그 해로운 인성이 더 이상 발전하지 못하도록 막을 수 있다. 물론 이런 인성을 조기에 발견하는 데는 시간과 상당한 지혜가 필요하다. 정치 세계에서 이런 종류의 인성을 충분히 이해하지 못하면, 당신이 먼저 그 피해자가 될 가능성이 높다.

다른 한편, 현명한 정치인은 자기 주변으로 사람들을 불러 모으고, 그들에게 동기를 부여하며 자신감을 북돋우는 것이 자신의 일임을 잘 알고 있다. 이것이 당신의 지지 기반을 만드는 방법이다. 어떤 비용을 치르더라도 그들을 감싸고 보호하겠다는 의지를 보여줌으로써 그들의 충성심을 얻어야 한다. 공익에 대한 헌신도 보여줘야 한다. 당신 자신만 중요하다고 생각하고 당신을 도운 다른 사람들을 버리거나 필요할 때만 이용한다면, 결국 당신은 권력과 영향력을 잃어버리고 당신을 추종했던 사람들이 보낸 지지와 존경도 잃을 것이다.

마지막 조언은 존 F. 케네디 대통령이 말했던 것으로, 절대로 자신에 대해 너무 심각하게 생각하지 말라는 것이다. 자신을 비웃을 줄 알아야 한다. 케네디 대통령은 자기 비하를 즐기는 독특한 능력을 가지고 있었다.* 대중

---

*   케네디 대통령은 40대의 젊은 대통령으로 당시 미국의 신세대를 대표하며 위트와 유머 넘치는 언변으로도 유명했는데, 특히 눈에 띄는 자기 비하성 농담으로는 이런 것들이 있었다. 1960년 대통령 선거운동 당시 정치논평가들과 정적들은 케네디에게 돈이 너무 많다는 것을 문제 삼았다. 이에 케네디는 이렇게 응수했다. "방금 아버지로부터 이런 연락을 받았습니다. '잭에게, 필요한 것보다 더 많은 표는 사지 말거라. 혹여 네가 압승이라도 하면, 나는 망하고 말 거란다.'" 또, 법무부 장관으로 동생 로버트 케네디를 임명해 정실 인사에 대한 우려가 제기되었을 때는 이렇게 말했다. "동생이

은 당신이 자신을 비하하는 것을 좋아한다. 그런 행동을 통해 당신이 진솔하며 보통 사람과도 다르지 않음을 보여줄 수 있다. 내 할아버지 니콜라스 카렐라는 "자화자찬에는 악취가 난다"고 말한 적이 있다. 칭찬을 하려면, 다른 사람들을 칭찬하라. 칭찬을 받으려면, 다른 사람들이 하는 칭찬만 받으라. 물론 이 말은 칭찬받을 만한 일을 하라는 뜻이다.

어떤 것도 당연하게
생각하지 마라

어떤 것도 당연하다고 가정하고 넘어가지 마라. 어떤 사람에게 지지를 요구하지 않았는데도 그 사람이 당신을 지지해줄 것이라고 가정하지 마라. 예상되는 문제나 이슈가 사라질 것이라고도 가정하지 마라. "작은 도토리에

변호사 개업을 하기 전에 법무부 장관으로 약간의 법률 경험을 쌓게 하는 데는 아무런 문제도 없다고 생각합니다." 참고로 로버트 케네디 역시 1968년 대통령 예비선거 후보로 나섰다가 암살당했으며, 미국에서 가장 존경받는 정치인 가운데 한 명으로 알려져 있다.

서 큰 떡갈나무가 자라난다"는 말이 있다. 무수히 많은 사소한 것들이 큰일로 번지거나 심각한 문제로 악화될 수 있다. 지금 당장은 큰 문제가 아니지만 언젠가 심각한 문제가 될 수 있는 일이나 사람을 늘 경계할 필요가 있다. 그리고 가장 중요한 태도는, 문제가 없어야 할 곳에서는 문제를 만들지 않는 것이다.

늘 경계하고 주의하라. 모든 것이 평온해 보이고 당신의 재선이 확실한 것처럼 느껴지는 바로 그때, 타이태닉호를 기억하라. 바다는 유리처럼 잔잔했지만, 빙산이 다가오는 것을 너무 늦게서야 보고 말았다. 불평을 내뱉는 주민이든, 어떤 문제에 불만을 제기하는 주민 집단이든, 또는 당신 조직 내부의 문제를 말하는 직원들이든, 그들을 위해 즉시 조치를 취하고 문제의 싹을 잘라낼 준비를 하라. 그런 것들이 어떻게 변할지는 누구도 알 수 없다. 당신이 해야 할 일은, 모든 문제에 대해 미리 예측하고 앞서서 대처하는 것이다. 그것이 어떤 문제라도 말이다.

✦

정치에서 성공으로 가는 길은 생각보다 찾기 쉽다. 좋은 인간관계 기술을 가지고, 일관성을 지니고 신뢰할 만하며, 다른 사람들과 함께 일할 수 있고, 좋은 인격의 토대 위에서 만들어진 훌륭한 품성을 가지고 있다면, 당신은 정치라는 멋진 세계에서 확실히 성공 가도를 달릴 수 있을 것이다. 이런 조건을 갖추지 못하고 있다면, 성공하기 어려울 것이다. 문제는 이렇게 간단하다. 내가 평소에 강의할 때 쓰는 격언 같은 것이 하나 있다. 이것은 정치뿐만 아니라 삶의 모든 영역에도 해당되는 말이다.

> "당신이 친절하다면, 사람들은 당신의 결점을 그냥 보고 넘길 것이다. 당신이 친절하지 않다면, 당신의 장점마저도 가혹한 평가를 받을 것이다."

이미지 개발과 관리

"성공한 정치인은 여러 면에서
스타급 영화배우와 다르지 않다.
그들에게는 입는 옷부터 걸음걸이까지,
자기만의 브랜드 확립을 위한
무엇인가 특별한 것이 있다."

인식은 현실이고, 정치에서는 인식이 핵심이다. 성공한 정치인은 자기만의 브랜드 확립에 도움이 되는 이미지 개발과 관리를 위해 그 나름의 성취 기준을 설정하고, 매우 성실하고 신중하게 노력한다. 앞선 장에서 나는 소셜 미디어 활용에 대해 논의하면서 그것이 어떻게 당신의 이미지를 구축하고 강화하거나, 해치고 실추시킬 수 있는지 살펴봤다.

전국적인 수준에서 활동하는 정치인들을 보면, 그들이 여러 면에서 스타급 영화배우와 다르지 않다는 것을 알 수 있다. 그들은 모두 오랜 시간 동안 자기 이미지를 다듬고 완성하고 개선하고 확립하기 위해 노력한, 자의식이 매우 강한 사람들이다. 그들이 입는 옷부터 걸음걸이까지 모든 것이 자신감과 권력을 드러내기 위해 주의 깊게 만들어진 것이다. 정치적으로 높은 지위에 있는 사람과 함께 자리를 한 적이 있다면, 그들에게는 무엇인가 특별한 것이 있음을 확실히 눈치챘을 것이다.

당신도 특별한 그 무엇을 개발할 수 있다. 첫째, 그것을 하고자 하는 의욕이 필요하다. 둘째, 당신의 모든 부분에 대해 비판적으로 볼 수 있는 자기 인식 능력이 필요하다. 마지막으로, 당신이 바꿀 필요가 있다고 생각하는 부분을 실제로 바꿔내기 위해서는 의식적인 노력을 기울여야 한다.

고위직에 오른 정치인들을 보면 자세나 걸음걸이, 심지어 말하는 문법 같은 것조차 열심히 노력해서 개선한 결과다. 그러나 당신이 걷는 방식, 말하는 방식, 행동하는 방식 외에도 당신이 다른 사람들에게 발산하는 에너지 같은 것이 있다. 그것은 당신의 전반적인 인격, 사람을 대하는 기술, 실제로 이뤄낸 성취와 결합되어 나타난다. 나는 항상 지역 정치인들이 무엇인가를 이뤄내는 데 훨씬 더 많은 능력을 갖고 있다고 믿어왔다. 그 이유는 대체로 지역 수준에서는 정치인이 대응해야 할 관료제의 문제가 전국 수준보다 덜하기 때문이다. 그런 만큼 당신의 지위를 잘 활용해서 실제로 무엇인가를 이뤄내도록 꾸준히 노력하라고 권하고 싶다. 이것이 바로 선출직 리더에게 시민들이 기대하고 바라는 바다. 이제 당신의 이미지와 관련된 부분들을 살펴보도록 하자.

옷차림

공직에 선출된다면 당신은 소수의 선택받은 사람들 중한 명이다. 공직을 맡았을 때 당신은 그 공직을 대표한다. 하지만 그것은 '당신의' 공직이 아니라 시민의 공직이다. 그런 공직에 대한 존중을 유지하기 위해서는 그에따라 행동하고, 그에 맞는 복장을 갖춰야 한다. 옷차림을단정하게 하면 기분도 달라진다. 사람들도 당신을 다르게 대하고 다르게 반응할 것이다. 옷차림은 사람들이 당신을 인식하고 대하는 방식뿐만 아니라, 당신이 자신을인식하는 데도 심리적인 영향을 미친다. 추리닝 바지에운동화를 신고 야구 모자를 쓰고 있다면, 당신은 단정하게 차려입었을 때와 같은 존중을 받지 못할 것이다.

여름 바비큐 파티에도 정장을 입고 넥타이를 맨 채로 참석하라는 말이 아니다. 공적인 자리에서는 그에 맞는 복장으로 당신 모습을 보여줘야 한다는 것이다. 남성용 정장이나 여성용 바지 정장 또는 원피스가 필요하지 않은 경우라도, 최소한 깨끗하고 깔끔한 복장으로 '스마트 캐주얼'에 속하는 옷을 입는 것이 좋다. 그러나 공식 회의나 모임에서는 항상 비즈니스 복장을 갖춰 입어야 한다. 나로서는 의원들이 비즈니스 복장보다 못한 옷을 입고 공식 회의에 참석한 모습을 보는 것보다 더 볼썽사나운 때도 없다.

아, 마지막으로 한 가지 더 당부하고 싶은 것이 있다. 구두를 꼭 닦기 바란다. 깔끔한 정장도 흠집 나고 닳아빠진 구두와 함께라면 빛이 바래고 만다.

자세와 걸음걸이

당신이 행동하는 모습은 당신에 대해 가장 효과적이고 강력한 비언어적 메시지를 전달한다. 당신의 자세와 걸음걸이는 당신에 대해 무엇을 말하고 있는가? 그런 모습은 어떤 비언어적 또는 잠재적 메시지를 전달하고 있는가? 당신의 모습은 자신감, 강인함, 활력, 친근함을 전하고 있는가? 아니면 나약함, 우유부단함, 쌀쌀맞음 같은 것을 드러내고 있는가? 보디랭귀지는 우리가 누구이고 어떤 사람인지에 대해 많은 것을 말해준다. 정치라는 무대에서 그것은 셰익스피어의 작품 같은 것이다. 약간의 자기 인식과 연습만으로도 당신이 쓰는 보디랭귀지의 모든 측면을 바꾸거나 고쳐서 적절한 메시지를 전달할 수 있다. 그 기본적인 측면 몇 가지를 살펴보자.

- 당신은 보통 똑바로 서 있는가? 만약 그렇다면, 늘 그렇게 하라. 심지어는 걸을 때도 그렇게 하면 좋다. 관련 연구에 따르면, 자신감은 실제로 그것을 갖기 전이라도 흉내를 통해 보여줄 수 있다고 한다. 똑바로 서서 머리를 바닥과 수평이 되게 하고 팔을 적절하게 흔들면서 걷는다면, 사람들은 당신이 중요하고 자신감 있는 사람이라고 볼 뿐 아니라 당신도 자신을 그렇게 느끼게 될 것이다.

- 걸을 때는 발이 정면을 향하도록 하라. 발이 바깥쪽으로 향하는 오리걸음이나 안쪽으로 향하는 비둘기걸음으로 다닌다면, 발이 당신 앞에서 곧바로 나아가

145

이미지 개발과 관리

도록 스스로 강제하며 의식적으로 연습하기를 바란다. 결국 우리가 걷는 방식이란 우리가 늘 그렇게 걸어왔던 것의 결과다. 우리 몸은 우리가 항상 해왔던 것을 한다. 하지만 그것을 의식적으로 바꾸기 시작하면, 시간이 지남에 따라 걷는 방식도 변할 것이다. 물론 이것은 당신이 걷는 데 지장을 주는 어떤 신체적 문제가 없다는 전제하에 하는 말이다.

- 당신 주변을 꼭 둘러보라. 가볍게 웃으며, 다른 사람들과의 거리에 따라 눈빛을 보내거나 고개를 살짝 숙였다 들거나 손짓을 보내거나 해서 늘 아는 척하는 것을 잊지 마라. 가벼운 웃음은 당신과 다른 사람들을 기분 좋게 하므로 가능하면 항상 미소를 짓도록 하라.

- 대통령과 연방 상원의원이 나오는 영상을 시청해보라. 그들이 어떻게 걷는지, 팔로 무엇을 하는지, 회의장이나 연회장으로 들어갈 때 사람들에게 어떻게 아는 척을 하는지 유심히 살펴보라. 그들의 기존 행동을 답습할 필요는 없지만, 그 모습을 따라 연습해보고 편안하게 느껴지면 그들과 똑같이 해도 좋다.

존재감이란 것을 꼭 배우고 싶다면, 유튜브에 접속해 유명 정치인이나 스타급 영화배우의 영상을 시청하는 것만으로도 충분하다. 그들이 카메라 앞에 있을 때 자기 몸을 가지고 무엇을 하는지 모든 것을 꼼꼼히 관찰하라. 내 판단으로는 가장 멋진 걸음걸이와 제스처, 존재감을 보여준 두 명의 대통령은 존 F. 케네디와 로널드 레이건이었다. 내가 생각하기에 그들은 대통령처럼 행동하고, 걷고, 옷 입고, 자세를 취하는 것이 어떤 것인지를 너무나 잘 보여주었다. 당신이 지역의 선출직 대표에 불과한 사람이라도, 스타처럼 보이고 모든 종류의 자신감과 에너지가 배어나오도록 하는 데 잘못된 것은 없다. 어쨌든 그런 모습을 통해 더 많은 사람으로부터 관심과 존중을 받으며 크게 주목받는 사람이 될 수 있을 것이다.

전국적인 수준에서 활동하는 정치인들은 집회든 공적 행사든 무대로 걸어 올라갈 때마다 하는 특별한 행동이 있다. 당신도 본 적이 있겠지만, 그들은 항상 청중을 향해 마치 아는 사람들을 보는 것처럼 손짓하거나 손을 흔든다. 이것을 전문 용어로 '상상해서 손 흔들기'phantom waving라고 한다. 사실 그들은 청중 가운데 누구도 알지 못하며, 솔직히 어떤 한 사람을 향해 손짓하며 쳐다보는 것도 아니다. 하지만 이런 행동은 그 정치인이 중요하게 보이도록 만들 뿐 아니라, 자신이 순회하는 어느 도시에나 친구가 있는 것처럼 보이게 만든다. 앞에서 말했듯이, 정치는 극장이고 인식은 현실이다.

사진
촬영

아래에서 소개하는 정보를 그냥 재미있는 것으로 듣고 넘기는 사람도 있을 것이다. 하지만 이것은 가장 성공한 정치인들 가운데 일부가 꼭 기억하고 늘 챙기는 일이다. 정치인으로 활동하는 데 사진 촬영은 매우 중요한 부분이다. 거의 모든 일이 사진 촬영의 대상이 되며, 사진은 그 일을 보여주고 기억하는 영원한 기록으로 남는다. 예전에는 모든 사람이 카메라를 갖고 있진 않았다. 하지만 지금은 모두가 카메라를 갖고 다닌다. 그래서 회의장이나 행사장에서 카메라에 주의를 기울이는 일이 적잖이 버거운 일이 된 것도 사실이다. 그럼에도 사진은 언제나 찍어야 하는 것이니, 사진 속 자기 모습이 좀 더 잘 나오도록 하기 위해 기억해두면 좋은 몇 가지 주의사항을 다음과 같이 정리했다.

- 사진을 찍을 때 얼굴의 어느 쪽이 가장 잘 나오는지 확인해두어라. 대부분 사람들은 사진에서 더 잘 나오는 쪽을 갖고 있다. 카메라 앞에 설 때나 사진 촬영을 위해 자리를 잡을 때, 이 점을 잊지 않기 바란다. 당신 얼굴 가운데 좀 더 나은 쪽이 카메라를 향할 수 있는 곳에 자리를 잡고, 그런 방향으로 자세를 취하라.
- 사진을 찍기 전에 뭔가를 들고 있다면 내려놓아라. 저녁 식사 자리라면 술잔을 내려놓아라. 손에 들고 있는 물건이 있다면, 팔을 편하게 움직일 수 있도록 물건을 내려놓아라.
- 정치라는 큰 무대에서는 키가 중요한 것 같다. 그러니 당신이 키가 아주 큰 사람이 아니라면, 당신보다 키 큰 사람 옆에 서는 것은 피하라. 이 말은 여성보다는 남성에게 해당하는 조언이라고 해야겠다. 일반적으로 여성에 대해서는 키를 갖고 판단하지 않으

며, 필요할 때는 하이힐을 신으면 되기 때문이다. 사진에서 좀 더 키가 커 보이게 하는 작은 비결이 있다. 남들보다 좀 더 카메라 가까이 서서 사진을 찍는 것이다. 제대로만 하면, 사진에서 다른 사람들보다 풍채도 더 크고 키도 더 커 보이게 하는 효과를 얻을 수 있다.

• 저녁 식사 자리나 음식이 제공되는 집회에 가기 전에 미리 식사를 해두는 것이 좋다. 공짜 음식으로 배를 채우는 손님들이 있을 것이다. 하지만 정치인은 그런 자리에 밥 먹으러 가는 것이 아니라, 끊임없이 사람들과 만나고 인사하고 대화하기 위해 가는 것이다. 하루 종일 끼니를 때우지 못해 허겁지겁 배를 채우는 데 바쁘다면, 사람들과 제대로 친교를 나눌 수 없을 것이다. 그 외에도 음식 찌꺼기나 샐러드가 치아에 끼여 있지 않도록 주의하라. 행진 과정에서 이를 크게 드러내 웃는 얼굴이 고해상도 사진에 찍힐 위험을 감수하고 싶은 사람은 없을 것이다. 당신이 나쁘게 나온 사진은 무엇이든 상대 후보의 선거 홍보물에 쓰일 수 있음을 기억하라. 가벼운 음식을 먹고 작은 거

울과 이쑤시개 등을 주머니에 넣고 다니며 치아에 음식 찌꺼기가 끼이지 않도록 늘 주의하기 바란다.

- 미소를 짓는 데 익숙해져라. 관련 연구에 따르면, 사람들이 정치인에 대해 가장 먼저 주목하는 것은 미소다. 억지 미소가 아니라 자연스러운 미소를 짓도록 하라. 실제로 미소를 지으면, 뇌가 엔도르핀을 혈류로 보내 신체적으로 더 좋은 기분을 느끼게 한다. 게다가 뇌 속의 거울뉴런 때문에 우리는 다른 사람이 미소 짓는 것만 봐도 기분이 좋아진다.

- 누구와 함께 사진을 찍을 것인지 특별히 세심한 주의를 기울이길 바란다. 여기서 말하는 그 누구란 일반 사람들을 일컫는 것이 아니라, 이런저런 방식으로 정치 세계에서 활동하는 사람들을 가리키는 것이다. 어떤 식으로든 논란의 여지가 있는 사람이라면, 그와 함께 사진을 찍지 않거나 최대한 멀리 떨어져 서 있는 것이 좋다. 기억하라. 현재 공중의 '적'으로 낙인찍혀 있거나 논란 속에 있는 사람과 함께 찍은 사진을 어떤 정치 컨설턴트가 활용할 수 있다면, 그 사진은 당신에게 불리한 방식으로 유포될 것이라고 확신해

도 좋다.

- 우스꽝스러운 모자를 쓰고 사진 찍는 것을 피하라. 그 모자로 인해 당신이 만화 캐릭터처럼 보인다면, 선거 홍보물에서도 그렇게 쓰일 수 있다. 정적들이 당신을 만화 캐릭터같이 우스꽝스럽게 보이도록 만들고 싶어 하는데, 그 도구를 그들에게 주는 것은 오로지 당신 잘못이다.

정치적 시선

'정치적 시선'political optics은 당시까지 최악의 것으로 볼 수밖에 없었던 사진이 공개된 후 한 주지사가 내뱉은 표현이다. 그 주지사는 뉴저지주의 크리스 크리스티Chris Christie였다. 이제 그의 상징이 돼버린 그 사진은 크리스티가 일반인에게 개방되지 않은 해변에서 비치 의자에 앉아 휴가를 즐기는 모습을 담고 있었다.* 나는 개인적으로 그가 자신이 무엇을 하는지 알고 있으면서 그렇게 했다고 생각한다. 하지만 크리스티도 그 사진이 그렇게 오랫동안 인터넷 밈으로 쓰일 것이라고는 예상하지 못했다고 본다. 물론 크리스티 주지사를 잘 알기 때문에, 그가 그런 일로 잠을 설쳤을 거라고는 생각하지 않는다. 어쨌든 그는 이후 기자회견에서 '정치적 시선'이란 말을 대중에게 소개했고, 자신은 그런 것에 신경 쓰지 않는다고 말했다. 하지만 그 사진은 의심할 여지 없이 그를 영원히 규정 짓는 이미지가 되었다.

당신이 지방의원이든 작은 도시의 시장이든, 카운티나 주 수준에서 그보다 더 높은 공직을 맡든, 외모는 언제나 중요하다. 당신이 높은 직위로 올라갈수록 외모는 그만큼 더 중요해진다. 그러나 당신이 맡은 직위가 아무리

---

* 크리스 크리스티(1962~)는 공화당 소속으로는 보기 드물게 민주당 지지세가 강한 뉴저지주에서 2010년부터 8년간 주지사를 역임했다. 2016년과 2024년에는 공화당 대통령 후보 경선에도 참여했으나 모두 중도 사퇴했다. 본문에서 말하는 사진에 대해 보충 설명을 하자면 이렇다. 당시 뉴저지주는 예산안 처리 무산으로 주 정부가 제공하는 서비스와 시설이 부분 폐쇄된 상태였다. 이로 인해 아일랜드 비치 주립 공원도 폐쇄된 상태였는데, 크리스티 주지사 가족만 해변에서 여름휴가를 즐기는 모습이 사진에 찍혔던 것이다.

작거나 보잘것없거나 지역에 국한된 것이라도, 당신은 여전히 공직자이며 그에 걸맞게 행동하고 처신해야 한다고 강력히 주장하고 싶다. 정치를 하면서 당신이 어디까지 올라갈지는 당신 자신도 전혀 알 수 없다. 항상 좀 더 크고 높은 공직에 출마할 것이라고 가정하라. 그리고 출마한다면 모든 사람이 당신이 과거에 했던 모든 일을 되돌아볼 것이라고 늘 가정하라. 누가 과거를 돌아보든, 당신은 항상 전문가답고 통솔력 있는 사람이었다고 기억되도록 노력하면 좋을 것이다. 깔끔하고 단정한 외모에 더해 뛰어난 대인관계 기술과 믿음직한 성품은 정치인으로 성공하는 데 꼭 필요한 요소다.

음주에
대하여

이 문제와 관련해 내가 하고 싶은 조언은 공공장소에서는 절대로 손에 술잔을 들고 있지 말라는 것이다. 굳이 무엇인가 들고 싶다면 물병을 들고 있는 편이 좋다. 당신이 술을 너무 많이 마신다고 사람들이 생각하거나, 적들이 그렇게 말하는 것은 피하고 싶을 것이다. 당신이 한 잔을 마시는지 열 잔을 마시는지는 아무도 모른다. 하지만 손에 술잔을 든 모습이 사진에 찍히면, 사람들은 그것만 가지고 당신을 규정한다.

나는 평생 동안 파티나 행사장 같은 공공장소에서 술을 너무 많이 마시는 정치인과 공직자들을 너무나 많이 봐 왔다. 실제로 때로는 알코올 중독에 빠진 것이 분명해 보이는 사람들도 있었다. 그들이 믿고 싶든 아니든, 사람들은 그들에 대해 이러쿵저러쿵 이야기할 것이다. 어 지간히 그러면, "그 사람은 술을 너무 많이 마신다"고도 말할 것이다. 그것은 정치인에게 나쁜 일이다. 원한다면 마음껏 술을 마실 수도 있다. 하지만 공개적으로 그런다 면, 자신을 그런 모습으로 규정하면서 불리하게 사용될 수 있는 일을 당신 스스로 드러내는 것일 뿐이다. 그런 행동은 당신이 통제력이 부족하다는 인상을 줄 수 있다. 또 술을 마시면 평정심을 잃고 생각과 말도 흐릿해질 수 있다. 분명 당신의 적들은 당신이 술꾼이고 늘 술에 취 해 있다며 여기저기서 귓속말 입소문을 퍼뜨릴 것이다. 설령 그것이 사실이 아니더라도 말이다. 이것이 바로 인식이 현실이 되는 이유다.

책임감을 갖기 바란다. 또한 공직자와 공직을 추구하는 사람은 좀 더 높은 수준의 생활 규범을 따라야 한다는 것도 인식하기 바란다. 나는 개인적으로 와인을 즐긴다. 그러나 공식적인 자리나 공공장소에서는 한 모금도 마시지 않는다. 항상 명민하고 통제력을 갖춘 사람으로 일하고 싶기 때문이다.

✦

이미지는 정치에서 성공하는 데 매우 중요한 요소다. 하지만 실체보다 더 중요하게 여겨야 하는 것은 아니다. 좋은 인격을 갖추고, 항상 올바르고 최선이라고 생각하는 일을 하라. 궁극적으로는 실체가 가장 중요하다. 위에서 말한 당부는 개선이 필요한 부분에 대한 자기 인식을 발전시키도록 당신을 안내하고 돕는 도구일 뿐이다.

마음 챙김과
감성 지능

"직관은 천억 개의 뉴런에서 나온
내면의 안내 시스템이다. 감성 지능을
높이면 해로운 사람이나 사물에 대한
노출을 최소화할 수 있다. 매일 일정한
시간을 정해놓고 마음을 챙겨라."

'마음 챙김'mindfulness이란 말을 들어봤는지 모르겠다. 주변에서 많이 떠도는 이 말은 실제로 2014년 2월 3일 자《타임》지 표지에 등장하기도 했다. 마음 챙김은 직원들이 감성 지능(EI)을 개발하도록 돕기 위한 기업계의 최신 접근 방법이다. 이 이야기를 꺼낸 이유는 내가 자기 성찰을 매우 중요하게 생각할 뿐 아니라, 정치 영역에서도 우리의 결정이 성급하게 내려지기보다 사태의 모든 측면과 효과를 분석하고 평가하고 숙고한 후에 이뤄져야 한다고 믿기 때문이다.

마음 챙김의
효능과 방법

마음 챙김은 자기 결정에 대해 생각하고 성찰할 시간을 제공하는 것 외에도, 자제력을 키워줄 뿐 아니라 직관력을 개발하는 데도 도움을 준다. 그리고 그 직관력은 정치 활동에서 쓸 수 있는 가장 귀중한 도구라고 할 수 있다.

정치인은 매일매일 도전과 결정에 직면하며 새로운 사

람들을 만난다. 본능적으로 안 좋은 느낌을 주는 사람들을 만난 적도 분명히 있을 것이다. 그런 느낌은 당신의 소화기관에 있는 천억 개의 뉴런에서 나온 자연스러운 직관이다. 직관은 우리 인간의 진화에 뿌리를 둔 내면의 안내 시스템이다. 그것은 자연 속에서 살아가는 모든 동물에서도 볼 수 있는 것처럼, 임박한 위험을 감지하고 인식하는 자연의 방식이다. 어떤 사람, 이슈, 사건에 대해 느끼는 감정을 점점 더 잘 인지함으로써 우리는 감성 지능을 높이고, 또한 바라건대 해로운 사람이나 사물에 대한 노출을 최소화할 수 있다.

그러므로 매일 일정한 시간을 정해놓고 마음을 챙기면 좋겠다. 20분이면 충분하다. 그리고 조용한 장소도 필요하다. 이때는 하루 일정과 당신이 했던 일, 당신과 이야기를 나눴던 사람 등을 되돌아보라. 어떤 일이 마음속에 떠오를 때 어떤 느낌이 드는지도 기록해두라. 무엇인가에 대해 본능적으로 불안감이 느껴지는가? 그렇다면 그 감정을 잘 느껴보고, 왜 그런 부정적인 감정이 나타나는지 알아보라. 반대로 어떤 것에 대해 마음이 가볍고 자신감이 생긴다면, 그것은 당신의 직관이 어떤 임박한 위험이나 불화도 인식하지 않고 있음을 당신에게 알려주는 것일 수 있다.

자기
성찰

자기 성찰은 당신 자신을 개선하고 당신의 특정한 행동 방식을 확인하는 데 쓸 수 있는 또 다른 도구라는 점을 이해하기 바란다. 또한 자기 성찰은 우리가 만나는 모든 사람과 사물에 대해 좀 더 합리적인 결정을 내릴 수 있게 도와준다. 당신의 감각을 정확하고 날카롭게 만드는 유일한 방법은 자기 성찰에 노력을 기울이는 것이다. 당신이 내린 결정의 결과와 그런 결정을 할 때 당신이 느낀 감정을 계속 비교해보면 좋겠다. 시간이 지나면 그것을 좀 더 잘할 수 있을 것이다. 그러면 당신이 지닌 지혜의 양이 늘어나면서 큰 도움을 받을 수 있을 것이다.

선거 공약이나 이슈, 러닝메이트, 정책, 심지어 곧 출마할 다른 공직이나 더 높은 공직 같은 것들을 결정할 때,

자기 성찰에서 나온 현명하고 성숙한 선택이 당신의 성공 가능성을 높여줄 것이다. 반대로 한순간에 이뤄지는 성급하고 경솔한 결정은 당신에게 엄청난 피해를 줄 수 있다. 또한 그런 결정은 정치적 파멸을 가져올 수도 있다. 상황을 모든 각도에서 보는 법을 배우기 바란다. 다른 사람의 눈으로도 상황을 살펴보라. 당신의 결정이 가져올 결과에 대해 스스로에게 질문해보라. 머지않아 당신은 삶의 모든 측면을 개선할 수 있는 엄청난 감성 지능을 갖게 될 것이다.

정치의 좋은 점,
나쁜 점,
추악한 점

"당신이 무엇인가 성취하고 싶고
올바른 일을 하고자 하는
내면의 욕구를 지니고 있다면,
정치의 좋은 점과 나쁜 점을
알고 있어야 한다."

한 가지 확실한 것은, 정치는 가장 매력적이고 흥미로운 인간 활동 가운데 하나라는 사실이다. 물론 정치 세계에도 여러 측면이 있다. 좋은 점도 있고, 나쁜 점도 있고, 때로는 추악한 점조차 있다. 정치는 마음 약한 사람들에게는 맞지 않는 점도 많다. 하지만 당신이 무엇인가 성취하고 싶은 내면의 욕구를 지니고 있고 올바른 일을 하고자 한다면, 정치의 좋은 점과 나쁜 점을 알고 있어야 한다. 다음 내용은 내가 봤던 그런 점들 가운데 일부를 기술한 것이다.

좋은 점

내게는 정치의 한가운데 있는 것이 가장 흥분되는 일이다. 정치는 성취와 업적과 영향력의 원천이다. 경험 많은 정치인들은 선거 당일 밤에 느끼게 되는 기분을 잘 알고 있다. 승리가 확정되는 순간, 우리 머릿속은 앞으로 어떤 사람이 될 수 있는지에 대한 기대로 넘쳐난다. 모든 정치인은 진심으로 변화를 만들고 싶어 한다. 영향력을 가진 자리에 있다는 것은 상당한 보람과 대단한 영예를 안겨준다. 여러 가지 멋진 일을 할 수 있고, 아주 많은 사람을 도울 수 있다. 당신은 온갖 종류의 놀랍고 흥미롭고 독특한 사람들을 만나게 될 것이다. 이제 당신은 발전의 수레바퀴를 돌리면서 다른 사람들을 도울 수 있는 지위에 오른 것이다.

이 책에서 제시한 조언을 따라 성공하는 정치인의 길로 들어섰다면, 당신은 기본적으로 더 큰 집단의 일원이 된 것이다. 약간의 과장을 보태 말하자면, 대가족의 일원이 된 것이라고 봐도 좋다. 무엇보다 당신이 만들어놓은 연줄, 친구, 동료 덕분에 다른 사람의 조언이나 도움이 필요하면 전화 한 통화로 거의 모든 것을 얻을 수 있다. 인생은 사람들과의 관계를 중심으로 돌아가고, 정치는 확실히 가장 많은 사람과 관계를 맺는 일이다. 당신이 가장 중요하게 생각하는 신념에 충실하고 시민을 위해 봉사한다는 마음을 잃지 않는 한, 정치는 가장 보람 있는 일이 될 것이다.

나쁜 점

인생에서 겪는 어떤 일이나 마찬가지겠지만, 좋은 점과 나쁜 점을 대조해보면 모든 것을 균형 있게 바라볼 수 있다. 정치에서 얻는 흥분과 성취감 같은 좋은 점들을 빼고 나면, 나쁜 점들이 눈에 보이기 시작한다.

우선 당신 자신과 가족을 위한 시간의 거의 없다고 봐야 할 것이다. 당신이 어떤 공직을 맡느냐에 따라 다르겠지만, 가족과 함께하는 시간은 일주일에 겨우 한 번 혹은 운이 좋다면 아마 두 번 정도밖에 되지 않을 것이다. 혹여 아이라도 있다면 상황은 훨씬 더 어려워진다. 정치 활동에서 치러야 하는 가장 큰 비용은 시간이다. 시간을 잘 계획한다면 제대로 쓸 수도 있겠지만, 모든 시간이 정치에 소모될 수도 있다. 밤이라고 해서 쉬는 경우도 드물다. 그리고 선거운동 기간 중이라면 하루 종일 가가호호 남의 집 문을 두드리고, 사람들을 만나고, 보도자료를 쓰고, 회의를 진행하느라 잠잘 시간도 크게 부족할 것이다. 결국 정치란 피와 땀과 눈물을 모두 쏟아부어야 하는 일이다.

그 외에도 적절히 대처하지 못하면 당신을 괴롭히며 곤경에 빠뜨릴 수 있는, 수많은 드라마 같은 사건들이 있다. 소문과 흑색선전, 불안감을 주는 일과 자존심을 긁는 일, 갖가지 정책 의제들이 눈을 돌리는 곳마다 널려 있는 것처럼 보인다. 특히 선거운동 중이라면 더더욱 그렇다. 그리고 새로운 친구들을 많이 사귀는 것만큼 새로운 적들을 만들 기회도 많다. 하지만 이 책에서 소개한 원칙과 조언을 잘 따른다면 그 적의 수를 줄일 수 있고, 그렇지 못하더라도 최소한 그들과의 적대 관계를 개인적 차원이 아닌 정치적 차원으로만 한정할 수 있다.

추악한 점

정치인이라면 누구나 알다시피, 일단 정치판에 들어오면 슬프게도 당신은 누군가의 먹잇감이 된다. 그렇게 많은 사람이 정치권에서 버티지 못하고 달아나는 이유도 바로 이것 때문이다. 공직에 출마한다면, 당연히 공격받을 것이라고 예상하라. 이것은 일반적으로 후보의 가족에게 가장 고통스러운 일이다. 그런 공격이 선거 전단지에만 쓰여 있는 것이 아니다. 사실 전단지를 통한 공격 정도는 쉽게 대응할 수 있다. 그것 말고도 여러 차원에서 다양한 공격이 이뤄진다. 온라인상에서 익명으로 몰래 숨어 있다가 교묘한 게시물 또는 댓글을 남기거나, 구식 귓속말 입소문으로 당신에 대해 가장 끔찍한 소문을 퍼뜨리는 더러운 악당들이 있다. 당신이 꿈도 꾸지 못한 일로 비난받을 것을 준비하라. 심지어 술을 거의 마시지 않는데도 알코올 중독자라는 비난을 받을 수도 있다. 아마도 당신에게 사생아가 있다거나 바람을 피운다는 이야기도 돌아다닐 것이다. 그보다 더 심한 것도 있다. 안타깝지만 상상력을 발휘하기 바란다.

이에 대해 철저히 준비하지 않으면, 일부 정치인들은 거짓 비난에 무너지고 말 것이다. 하지만 이것이 바로 내가 '밑바닥 인생들'bottom feeders이라고 부르는 인간들이 그런 일을 하는 이유다. 그들은 당신의 머릿속으로 들어가 당신을 위협하며 정치판에서 쫓아내기를 바란다. 많은 지역에 그 지역 내부자들이 하루 종일 밤낮으로 자기가 싫어하는 모든 사람에 대한 글을 올리는 익명 게시판이 있다고 한다. 그것은 내가 전통적인 '귓속말 입소문'whisper campaign이라고 부르는 것의 현대판이라 할 수 있다. 당신에 대한 정보가 없을 때는 그냥 지어내기도 한다. 그 내부자들은 자기들 이야기가 인쇄물로 남지 않는다는 것을 잘 알고 있다. 사실 그들은 진정한 겁쟁이들이다. 그래서 그들은 조용히 이렇게 말하는 것을 즐긴다. "아 참, 저 남자 마약 문제 있다는 거 당신도 알지?" "저 여자 정신 나간 사람들이랑 괴상한 섹스 클럽에 다닌대."

당신이 누군가에 대해 비난할 수 있는 최악의 것을 생각해보라. 그들은 당신에 대해 그보다 더 나쁜 것을 말할 것이다. 그런 비난이 효과를 발휘할까? 글쎄, 상황에 따라 다를 것이다. 정치 초보자라면 꽤 많은 스트레스를 받을 수 있다. 하지만 경험 많은 정치인은 그에 대응하는 효과적인 방법이란 무시하는 것밖에 없음을 잘 알고 있다. 내가 활동하는 지역에서 그런 짓을 하는 주요 인사들이 누구인지 나는 아주 잘 알고 있다. 나는 그들에게 전혀 관심을 주지 않았고, 그들이 나에 대해 쓴 글도 신경 쓰지 않았다. 그런 것들은 대개 노름판에서 큰 판돈을 걸어놓고 불안과 공포에 떠는 인간들이 내뱉는 유치한 헛소리일 뿐이다.

밑바닥 인생들이 당신이 상상할 수 있는 최악의 방식으로 당신을 공격한다면, 그건 그들이 당신을 가장 두려워하기 때문이다. 그런 게시판에 오른 글은 읽지도 말고 일말의 관심도 두지 마라. 그들이 한 말이나 행동 때문에 당신이 표를 더 얻거나 잃을 일은 없다. 나는 익명 게시판에서 끊임없이 공격받고도 선거에서 압도적 표차로 승리한 다양한 사람들을 여러 번 봐왔다. 그런 헛소리 같은 게시물에 대해 공개적으로 발언하거나 답변해야겠다고 느끼는 바로 그 순간, 당신은 그 게시물의 위상을 높여주고 그것에 정치적 의미와 사회적 관심을 부여할 뿐이다. 평소 정치에 적극적으로 관여하지 않는 보통 사람들은 그런 헛소리에 전혀 관심을 두지 않는데, 왜 그것에 관심을 기울이게 만드는 행동을 하려 하는가? 기억하라. 당신이 그냥 무시하면, 그런 것들은 당신에게 아무런 영향도 미치지 못한다. 그리고 바로 그런 당신의 태도가 그들을 짜증 나게 할 것이다.

정치에 대한 단상

"정치에서 장기적으로 성공하고
지속적으로 영향력을 발휘하느냐의
여부는 당신에 대한 호감과
당신이 쌓은 실적에 달려 있다."

이 책의 서두에서 밝혔듯이, 나는 여기서 정치 전략이나 선거운동의 주요 구성 요소에 초점을 두고 싶지 않았다. 그런 주제에 대해서라면 책도 많고 자료도 많다. 결국 정치에서 장기적으로 성공하고 지속적으로 영향력을 발휘하느냐의 여부는, 당신에 대한 호감과 당신이 쌓은 실적에 달려 있다. 당신의 이미지, 존재감, 그리고 사람들이 당신에 대해 느끼는 감정이 당신의 정치적 성공을 결정한다. 선거에서 이기든 지든 상관없이 당신은 사람들과 친교를 맺고 인맥을 쌓을 것이 분명하며, 그런 것들을 통해 언제든 권력에 접근할 수 있다. 그 권력을 현명하게 사용하면서 사람들을 위해 큰일을 해내기 바란다.

이 마지막 장에서는 내가 이 책을 준비하면서 써놓았던 몇 가지 단상들을 제시하고자 한다. 이것들은 앞선 어느 장에도 딱 들어맞지 않는 것 같아 그냥 여기에 묶어 소개한다. 이 방법이 독자들이 읽고 흡수하기에 가장 좋겠다고 판단했기 때문이다. 서로 관련이 없을 수도 있겠지만, 모두 배우고 기억할 만한 가치가 있는 원칙과 조언이다.

몇 가지
단상들

하나, 선거에서 승리했을 때 품위 있게 행동하라. 선거에서 패했을 때도 품위 있게 행동하라. 대중은 자신들의 대표가 예의와 명예의 모범을 보여주길 바란다. 당신이 누군가에 대해 개인적으로 어떤 감정을 갖고 있든, 그들에 대해서도 항상 품위 있게 행동해야 한다. 정치인은 늘 승리할 수도, 패배할 수도 있다. 하지만 정치인이 발휘하는 지속적인 영향력은 다른 사람들과 잘 어울리며 함께 일하는 능력에 뿌리를 두고 있다.

둘, 가장 크게 성공한 정치인은 누구나 쉽게 다가갈 수 있고, 호의를 베풀며, 다리를 놓아주는 사람들이다. 그리고 그들 중 최고는 정치 세계에서 성공을 보장하는 진짜 비결을 알고 있다. 그 비결이란, 당신을 지지한 적이 없는 사람에게도 호의를 베푸는 것이다. 그러면 그들을 당신의 지지자로 바꿀 수 있다. 적과 싸우는 것보다 적을 친구로 만드는 것이 훨씬 더 낫다.

셋, 정치는 사람들을 돕는 일이다. 스스로에게 이렇게 한번 물어보라. "당신이 온건하고 주류적인 생각을 가진 사람이라면, 당신은 누구에게 투표하겠는가? 도움이 필요할 때 전화할 수 있는 사람인가, 아니면 지금도 그리고 앞으로도 도움을 주지 않을 사람인가?" 분명 당신은 도움을 줄 사람을 지지할 것이다. 나는 정치적 견해가 다른 사람에게도 투표한 적이 제법 많다. 하지만 나는 그들을 개인적으로 잘 알고 있고, 그들을 좋아하며, 그들이 내게 언제든 도움을 줄 수 있는 사람이라는 것도 알고 있다.

넷, 나는 왜 사람들이 자신이 사는 동네나 도시보다 전국 단위나 주 단위의 정치에 훨씬 더 많은 관심을 보이는지 늘 궁금했다. 사실 이것저것 다 따지고 볼 때, (몇 가지 예외를 제외하면) 전국 단위에서 벌어지는 일은 보통 사람들의 삶에 큰 영향을 미치지 못한다. 오히려 당신이 사는 동네나 도시에서 벌어지는 일이 당신 집의 가치, 아이들의 학군, 그리고 전반적인 삶의 질에 더 큰 영향을 미친다.

늘 무엇이든
제공하라

다음에 소개하는 내 경험은 일반 시민들이 당신에게 어떤 도움을 요청할 때 어떻게 대해야 하는지에 대한 통찰을 제공하기 위한 것이다.

내가 사는 작은 도시에서 처음으로 선출직 행정위원에 당선되었을 때, 나는 공공사업국장 직을 맡게 되었다. 이 직책은 16년 전 내 아버지가 맡았던 것이기도 하다. 순수하게 입법을 담당하는 시의원과 달리, 행정위원은 입법과 함께 행정 기능도 담당하며 자기 부서를 단독으로 지휘할 수 있는 권한도 갖고 있다.*

---

*   미국의 지방정부는 한국과 달리 선출직의 종류와 규모, 정부 형태가 다양하다. 이를테면 시장과 시의원뿐 아니라 주요 행정부서의 장인 회계관이나 법무관, 보안관 등도 선거를 통해 선출한다. 정부 형태도 지역에 따라 시장과 의회가 상호 견제와 균형을 이루는 '분립형'뿐 아니라 의회 의원들이 행정까지 관장하는 '통합형', 의회가 외부 인사 중에서 집행부 관리자를 선정하는 '관리형' 등의 형태가 있다. 한국도 지난 2020년 지방자치법 개정을 통해 자치단체가 주민투표로 기관

공공사업국은 우리 시 정부가 집행하는 거의 모든 사업에 필수적인 부서다. 이 부서의 업무는 상하수도 서비스, 도로, 연석, 보도, 가로수, 쓰레기, 재활용, 토목공사 등과 관련되어 있었다. 공공사업국은 내가 원하는 대로 이름 붙이자면 일종의 '도움주기' 부서다. 결국 나 같은 정치인이 하는 일이란, 나를 찾는 주민들에게 도움을 제공하는 것이다. 많은 주민을 접하며 그들을 돕거나 지원할 수 있는 권한을 갖고 있기에 공공사업국장은 정치적 관점에서 보면 완벽한 직책이다.

나는 지역 주민들의 요구에 적극적으로 응답하지 않았던 전임자의 뒤를 이어 국장이 되었다. 임기를 시작한 첫 달 동안, 주민들로부터 수많은 편지와 전화를 받았다. 대부분 여러 해 동안 해결되기를 바라던 가로수 가지 정리, 깨진 보도블록 교체, 움푹 팬 도로 보수 같은 것들로, 크게 힘들이지 않고 처리할 수 있는 작은 일들이었다. 나는 신임 공공사업국장이라면 도움을 줄지도 모른다는 실낱같은 희망을 품은

구성 형태를 달리할 수 있도록 보장했으나, 이를 구체화할 법률은 아직 제정되지 않은 상태다.

주민들 한 명 한 명과 대화를 나눴다. 그리로 실제로 그들에게 도움을 주었다. 나는 부하 감독관에게 주민들이 요구한 일들의 작업 일정을 즉시 잡으라고 지시했다. 전임 국장한테는 수년 동안 아무런 답도 받지 못하다가 내게 얘기한 후 하루 이틀 만에 조치가 취해지는 것을 보고 주민들은 깜짝 놀라면서 크게 기뻐했다. 지금까지도 나는 그 일을 처리한 후 주민들이 내게 보내온 감사 편지를 빠짐없이 모두 보관하고 있다.

때로는 주민들의 요구가 도로 전체를 포장하는 것과 같이 규모가 큰 경우도 있었다. 이 정도 규모의 사업은 시 정부가 비용 확보를 위해 채권을 발행해야 하는 것이다. 한 명의 행정위원이 그런 일을 할 수는 없고, 전체 행정위원회가 해마다 어떤 사업의 비용 충당을 위해 채권을 발행할지 결정해야 한다. 이런 사업의 경우, 나는 늘 먼저 주민들에게 연락해줘서 고맙다는 인사부터 한 뒤 시 행정부를 대신해 죄송하다고 말했다. 그런 다음 이런 민원은 내가 단독으로 지시해서 해결할 수 있는 것이 아님을 그들이 이해할 수 있도록, 관련 행정 절차를 설명해주었다. 하지만 나는 언제나 그들에게 무엇인가 제공할 수 있기를 바랐다. 그것이 좋은 정부의 역할이라고 생각하기 때문이다. 우리는 시민들에게 도움을 주기 위해 이 자리에 있는 것이고, 그래서 나는 매번 그런 일을 하기 위해 열심히 노력했다.

사실 대다수 주민들이 정말로 원하는 것은, 자신들을 존중하고 자신들의 이야기를 귀담아 들어달라는 것이다. 그래서 나는 여전히 전체 도로 포장을 시 정부가 감당하기 어려운 상황이라면, 그들에게 그런 상황을 설명한 후 이렇게 물었다. "혹시 댁 주변에 가지치기를 해야 할 나무들이 있을까요?" 또는 "보수가 필요한 보도나 움푹 팬 도로는 없나요?" 이런 태도를 통해 나는 그들을 진심으로 돕고자 하는 내 마음을 보여줄 수 있었다. 그러면 시민들은 좌절하고 실망하는 대신 무엇인가를 제공받았다는 느낌을 받으며 전화를 끊는다. 결국 이렇게 해서 주민들은 필요할 때 자신들을 돕는 좋은 정부를 경험하는 행복한 납세자가 되는 것이다.

위와 같은 경험을 바탕으로 몇 가지 당부하고 싶은 것들이 있다.

첫째, 시민들은 늘 용서할 준비가 되어 있다. 하지만 당신은 사태가 악화되기 전에 누구보다 한발 앞서 용서를 구해야 한다. 정치 경력의 종말을 가져오는 것은 처음 저지른 잘못 때문이 아니다. 그런 잘못을 덮고자 하거나 진실을 말하지 않는 데서 당신의 정치 경력이 종결된다.

둘째, 시민 대다수는 실제로 놀랄 만큼 상냥한 사람들이라는 것을 알게 될 것이다. 그래서 이들의 95퍼센트와는 당신이 교류할 일이 없을 것이고, 아마 소수의 사람들과 교류하는 정도에 그칠 것이다. 그러나 당신은 시민들과 교류하기 위해 할 수 있는 모든 노력을 기울여야 한다. 그럼으로써 그들에게 진정한 공직자의 활동과 성과를 경험할 기회를 제공하라.

셋째, 다른 사람들이 세상을 보는 방식으로 세상을 보는 법을 배워라. 매일 사람들과 대화를 나누고, 당신 주변 사람들, 이를테면 부하 직원이나 스태프 등이 생각하는 방식으로 생각해보려고 노력하라. 동시에 두 가지 상반된 관점을 가지고 상황을 파악하는 법을 배워라. 그렇게 하면 의사결정을 내릴 때도, 입장이 다른 사람들과 타협안을 마련할 때도 도움을 받을 수 있을 것이다.

넷째, 사람들 속에서 장점을 찾아라. 그러지 않고 정치를 하면 당신은 미쳐버리고 말 것이다.

다섯째, 언론매체 사람들을 대할 때는 항상 마감 시간을 유념하라. 그들과 좋은 관계를 맺도록 노력하라. 그들의 업무는 기사를 보도하는 것임을 잊지 마라. 가능한 한 많은 배경지식과 정보를 제공하면 기사를 통해 전하고 싶은 메시지가 만들어지는 데도 도움을 줄 수 있을 것이다. 나는 언론매체 사람들과 함께 일하면서 멋진 일들만 경험했다. 옳은 일을 하면 두려울 것이 없다. 그들은 그들이 해야 할 일이 있고, 당신도 마찬가지다.

당신에게 소명이 있다면, 정치는 목적 의식적이며 보람
찬 일임을 말해주고 싶다. 문제가 아니라 해결책의 일부
가 되어 정치라는 큰 수레바퀴의 바큇살 역할을 담당할
수 있다. 정치는 결국 사회를 어떻게 작동시킬지 결정하
는 일이다.

이 책은 당신이 읽고 검토할 만한 꽤 많은 양의 정보를
담고 있다. 내 경험의 관점에서 썼지만, 여기서 제시한
내용은 보편적이며 여러 상황에 적용할 수 있다고 믿
는다. 물론 모든 것이 모든 사람에게 다 적합하지 않다

는 것도 안다. 내 스타일이 당신 스타일에 맞지 않을 수도 있다. 그래도 괜찮다. 원래 그래야 하는 것이기 때문이다. 하지만 당신 자신만의 스타일과 관계없이 한 가지 꼭 당부하고 싶은 것이 있다. 당신이 하는 역할, 당신이 맡은 직책을 인식하고, 자신과 자신의 맹세에 충실하라. 그리고 늘 옳은 일을 하라!

겉으로 드러나는 외모와 태도를 개선하고 사람들을 대하는 기술을 익히는 것 외에도 정부 운영, 법률과 조례, 최신 정부 규정을 배우는 데 많은 노력을 기울이길 바란다. 당신 주변의 대학에는 다양한 분야의 공공정책 과목들이 개설되어 있어 조금만 부지런을 떤다면 자격증도 딸 수 있다. 토지 이용, 조세 정책, 지역 개발과 재개발 등은 모두 당신이 어떤 식으로든 정치에서 다루게 될 분야다. 이런 것들을 배워서 자기 직책에 정통한 사람으로 인정받기를 권하고 싶다. 자신이 가진 지식과 정보를 공유하고 싶어 하는 전문가도 많다. 그들 대부분은 당신이 연락해서 궁금한 점을 물으면 반갑게 답해줄 것이다. 솔직히 말해, 시민들도 공직자들에게 그런 것을 배우고 익히라고 요구해야 한다. 당신이 앞장서서 그렇게 하면, 자신을 차별화하는 동시에 진정한 전문가란 무엇인지 시민들에게 보여줄 수 있을 것이다.

오직 당신들 정치인만이 세상의 많은 중요한 일을 실현할 수 있는 힘을 갖고 있다. 늘 겸손하고 친절하고 성실하라. 이것이 모든 정치인에 대한 나의 희망이자 조언이다. 행운을 빈다. 우리가 자부심을 갖도록 노력해달라.

1.

민주화 이후 40년 가까운 시간이 흘렀다. 민주화와 함께
자유의 공간이 크게 열렸음에도 진가를 발휘해야 할 정
치가 불신과 냉소의 대상으로 전락한 것은 우리 시대의
큰 아이러니 가운데 하나다. 게다가 요즘은 이른바 3P
라고 하는 양극화Polarization, 포퓰리즘Populism, 탈진실
Post-truth이 우리나라뿐 아니라 미국을 비롯한 많은 나
라에서 적대와 증오를 불러일으키며 민주 정치 자체를
위협하고 있다. 정치가 이렇게 흘러가도록 내버려 둬도

괜찮은 걸까? 정치란 무엇이고, 왜 중요한 것일까?

대학원에서 정치학을 공부하며 내가 알게 된 사상가, 학자, 정치인은 여러 방식으로 정치의 중요성과 불가피성을 강조했다. 아리스토텔레스는 "인간은 본질상 정치적 동물"이라고 했다. 미국 정치학회장을 지낸 이스턴David Easton은 정치를 한 사회에서 "가치 있다고 여기는 것들을 권위에 바탕해 배분하는 활동"이라 정의했다. 같은 학회장을 맡았던 레니Austin Ranney는 그런 가치 배분을 둘러싼 "갈등과 타협의 앙상블"이 정치라고 말했다. 독일 제국을 건설한 비스마르크는 정치의 역할을 의미심장하게도 "가능성의 예술"로 이해했다.

이렇듯 정치를 인간 공동체에 요긴한 것으로 보는 입장에도 불구하고 우리 사회에는 여전히 정치가 꼭 필요한지 의문을 제기하는 사람들이 많다. 권력 다툼에만 몰두하고, 공약은 쉬이 어기고, 겉과 속이 다른 행태가 정치 아니냐는 것이다. 그럴 바엔 차라리 해당 이슈 분야에 정통한 전문가나 관료에게 정책 결정을 맡기거나,

정치·정부의 역할은 최소화하며 효율적으로 최적의 결과를 산출하는 시장 원리를 따르거나, 일반 시민들이 직접 정부 정책을 결정하는 방안이 더 좋겠다고 한다.

이런 제안은 현대의 대의제 민주 정치에 반대하는 일종의 기술 관료주의, 시장 근본주의, 직접 민주주의라 할 수 있는데, 이들에게는 한 가지 공통점이 있다. 그것은 우리 공동체의 모든 문제 각각에는 하나의 정답이 있고, 그것은 전문지식이나 시장경쟁이나 '일반의지'를 통해 찾아낼 수 있다는 것이다. 하지만 이와 같은 접근은 현대 사회의 근본적인 특징이자 현대 민주주의의 토대가 되는 '가치 다원주의'value pluralism를 정면으로 부정한다. 공동체 구성원들은 서로 다른 이익, 가치, 원칙을 갖고 있다. 그들은 여러 사회 문제에 대해 자신에게 유익하거나 자신이 옳다고 믿는 도덕적 가치와 정치적 원칙에 따라 서로 다른 해결책을 주장하고 지지한다. 우리나라는 한반도 평화를 위해 북한의 위협에 어떻게 대처하며 미국, 중국, 일본과는 어떤 관계를 구축해야 하는가? 시장경쟁은 경제성장의 필수요건이지만, 그에 따른 부의 불평등과 환경 파괴는 어느 수준까지 용인하며 복지 확대와 환경 보호에는 얼마만큼 재정을 지출해야 하는가? 우리나라의 존속 자체를 위협한다는 저출생 문제의 해법은 무엇인가? 이런 문제들에 대해 나 나름의 입장은 있지만, 나와 다르다고 해서 그 사람의 의견이 완전히 틀렸다고 말할 수는 없다.

민주주의와 민주주의가 아닌 나라를 구분하는 간단한 방법이 있다. 그 나라 정당 수가 몇 개냐는 것이다. 하나면 권위주의 독재국가고 둘 이상이면 민주주의다. 이를 두고 북한도 노동당 외에 천도교청우당, 사회민주당 등 여러 정당이 있다며 어깃장을 놓는 사람이 있을지 모르겠다. 틀린 말은 아니지만, 정당이 둘 이상이라는 데는 겉으로 드러난 양상 외에 그보다 더 깊은 의미가 포함되어 있다. 그것은 '반대 혹은 이견의 정당성'legitimate opposition을 인정한다는 뜻이다. 영어에서 말하는 집권당governing party과 함께 그들과 다른 의견을 갖고 경쟁하는 반대당opposition party도 정당한 존재로 인정받아야 민주주의라는 말이다. 정치는 공익에 대해 서로 다른 입장·견해·관점을 가지고 상호 갈등하고 타협하는 활동이다. 이 서로 다름을 인정하고 관용하며 정당한 것으로 받아들이지 않으면 정치도 민주주의도 존재할 수 없다.

우리 정치가 기대에 크게 미흡하고 많은 문제가 있다는데는 나 역시 동의한다. 하지만 그렇더라도 정치 자체를 부정하거나 정치적인 것의 범위를 줄이려는 시도는 가능하지도 바람직하지도 않다. 정당과 정치인들이 좀 더 나은 경쟁, 좀 더 나은 타협을 이뤄내기를 바라며, 한편으로 조력하고 다른 한편으로 압력을 행사하며 투표로써 선호와 입장을 밝히는 것 외에 다른 대안은 없다.

2.

이 책《괜찮은 정치인 되는 법》은 정치에 복무하고 있거나 그러고자 하는 (예비) 정치인들, 그리고 정치에 관심을 갖고 있거나 가지고자 하는 시민과 학생들을 위한 책이다. 물론 이 책이 위에서 언급한 정치에 대한 불신과 혐오를 극복하거나 3P의 문제를 해결하는 어떤 모범답

안을 제시하고 있는 것은 아니다. 하지만 그 해답을 찾는 방법을 담고 있는 것만큼은 분명하다. 그 방법은 이 책의 특징이자 의의라고도 할 수 있는데, 크게 세 가지로 나눠 말할 수 있겠다.

첫째, 이 책은 정치인이 오랫동안 시민들에게 인정받고 지지받으며 활동하는 데 꼭 필요한 거의 모든 기술과 지침을 담고 있다. 여기에는 사람들과 편안하게 만나고 대화하는 법, 성공한 정치인들에게서 따라 배울 만한 행동 방식과 습관, 정치에 관여하는 사람들의 유형별 특징, 기억에 남는 연설하기, 효과적이고 안전한 소셜 미디어 활용법, 옷차림이나 자세, 사진 촬영을 통한 이미지 관리 등 정치 활동의 기본이 되는 노하우와 원칙들이 포함되어 있다. 우리 삶의 모든 일이 그렇듯 기본이 중요하고, 정치 또한 기본적인 활동을 가르치고 배울 필요가 있다. 그런데 한국에서는 정치 활동의 기본을 다룬 교재나 강의를 찾아보기 어렵다. 정책이나 선거를 다룬 책은 많다. 정치 이념과 제도를 가르치는 강의도 적지 않다. 하지만 그 이념과 제도를 책상머리가 아닌 실제 사회,

사람들 속에서 시도하고 교정하고 실현해야 하는 정치인이 어떤 기술과 태도를 갖추고 어떻게 경쟁 상대와 시민-유권자를 포함한 여러 종류의 사람들을 이해하고 대해야 하는지를 가르쳐주는 교육은 없다. 기업도 인적자원 교육에 많은 투자를 하는데, 정치 활동 교육에 투자가 빈약한 것은 정치인에게도 나라 전체에도 비극이다. 좋은 정부를 바란다면 좋은 정치인이 필요하고, 그런 정치인을 키우려면 그에 합당한 교육이 필요하다. 이 책은 그런 교육에 불씨를 지필 만한 교재다.

둘째, 이 책에는 요즘 우리 사회에서 보기 드문, 정치에 대한 적극적 옹호가 담겨 있다. 저자 해거티는 미국에서 지역 정치인으로 오랫동안 일했고, 지금은 활동 분야를 옮겨 리더십, 책임감, 커뮤니케이션 등을 가르치는 교육 사업을 벌이고 있다. 그에게도 분명 정치를 하면서 느낀 실망과 좌절이 있을 테지만, 그로부터 예상되는 정치에 대한 불신, 회의, 냉소 같은 것은 찾아볼 수 없다. 오히려 가문 대대로 정치에 복무해온 집안 전통에 큰 자부심을 느끼며, 정치 현장을 떠나서도 여전히 정치의 렌즈로 세상을 바라보고 정치의 방법으로 사람들을 돕는 것이 가장 효과적이라고 확신한다. 책의 서두에도 나와 있듯 저자의 정치에 대한 인식은 간명하다. 그것은 "관계, 연합, 영향력, 권력을 둘러싼 활동"이다. 그렇다 보니 드러나지 않게 목표를 세워 전략·전술을 실천하는 책략 같은 것의 불가피함도 인정한다. 하지만 그런 책략으로 원하는 바를 얻기 위해서도 "모든 사람에게는 그들 나름의 관심사와 그 관심사에 대한 자기만의 생각이 있음을 이해해야 한다"고 말한다. 또한 책략을 통한 경쟁 이상으로 시민의 동의를 구하고 상대편 정치인과 합의를 이뤄내는 일이 중요하다고 강조한다. 이유는 자명하다. "우리가 늘 이기는 편에만, 늘 받는 편에만 있을 거라고 기대할 수 없기 때문이다." 달리 말해, 다원화된 민주 사회에서는 누구도 항상 옳고 항상 강자일 수 없다는 것이다. 저자가 보기에 정치의 핵심 수단은 권력으로 표현되는, 사람들에 대한 영향력이다. 그것을 잘 다루기만 하면 정치인은 "여러 가지 멋진 일을 할 수 있고, 아주 많은 사람을 도우며, 상당한 보람과 대단한 영예"를 누릴 수 있다. 그래서 정치는 "가장 매력적이며 흥미로운 인간 활동"이다.

마지막으로, 이 책의 또 다른 미덕은 유머와 위트가 배어 있다는 것이다. 대중 연설이 얼마나 힘든지 위로하는 대목이 대표적이다. 대다수 설문조사에서 응답자들은 가장 두려운 일이 사람들 앞에서 연설하는 것이라 답했다고 한다. 그럼 두 번째로 두려운 것은 무엇일까? 죽음이란다. 나는 꽤 진지한 축에 속하는 편이라 죽음은 언제 올지 모르고 연설은 할 기회가 드물다고 생각해 잠시 머뭇거리다 결국 웃음을 터뜨리고 말았다. 정치에서 겸손이 주는 혜택을 설명하는 부분도 마찬가지다. 정치인들은 흔히 "나는 특별한 사람이고 멋지고 탁월하기에 이 자리까지 왔다고 생각"하는데 저자는 그건 "좋은 태도"라고 말한다. 또한 "당신 어머니도 그렇게 생각할" 것이고, "당신 배우자와 자녀도 그렇게 생각할" 것이라고 덧붙인다. 그렇게 말해놓고는 곧바로 사실은 그게 아니란다. 가족이 아닌 다른 사람들은 대개 그렇게 보지 않으며, 특히 정치인이라면 그런 자리에 오른 것은 "다른 사람들의 도움 덕분"이기 때문이다. 이 역시 정치인들이 자주 느끼고 쉽게 숨기지 못하는 우월감과 우쭐함을 비틀며 삶의 진실로 인도하는 위트 있는 설명이다. 이렇게 해서 저자가 좀 더 효과적으로 알려주는 교훈은 이런 것이다. 겸손은 사람들이 서로를 존중하게 만드는 덕목일 뿐 아니라, 특히 정치인에게는 사람들의 지지와 지원을 얻는 중요한 수단이기도 하다. 겸손뿐 아니라 유머와 위트도 정치 활동에서 같은 역할을 한다고 말할 수 있는데, 이 책에서는 그런 표현과 논리를 심심치 않게 보고 또 배울 수 있다.

이 책을 읽고 나면, 정치인은 으레 부패하거나 거짓말만 하거나 권력 싸움만 벌인다며 흘려 넘길 것이 아니라, 그들이 무엇을 어떻게 잘못했고 또 어떻게 하면 좀 더 잘할 수 있는지, 비판과 동시에 대안을 말할 수 있는 좋은 지적 자원을 얻을 수 있다. 이 책의 대전제는 "우리가 유능한 지도자와 효과적으로 작동하는 건강한 정부를 가지려면, 지금보다 더 많은 '좋은' 정치인이 필요하다"는 것이다. 이를 다른 말로 표현하면, 정치는 그냥 중요한 것이 아니라, 그것은 우리 공동체에 너무나 중요해서 아무렇게나 하도록 내버려 둬서는 안 된다는 것이다. 정치에 대한 신뢰 회복과 민주 정치의 발전은 이로부터 시작할 수 있다.

3.

옮긴이의 글을 통해 고마운 마음을 전하고 싶은 사람들이 있다. 먼저 정치 활동에 관한 책의 번역 제안을 흔쾌히 받아주고 세심한 교정, 세련된 편집과 디자인으로 이 책을 돋보이게 해주신 서해문집 편집부 여러 분께 감사와 응원의 메시지를 남기고 싶다. 요즘같이 소셜 미디어를 비롯한 인터넷에서 자극적인 정보와 이미지가 넘쳐나는 시대에 책을 만든다는 것은 소중함에 더해 고귀함마저 느껴지는 일이다. 이들의 노고와 열정이 더 많은 독자에게 알려지면 좋겠다. 나는 서울시의회에서 정책지원관으로 일하며 두 분 시의원의 의정 활동을 보좌해 왔다. 두 분은 여러 면에서 서로 다르지만, 사람을 대하는 마음이 너그럽고 정치에 대한 열정이 넘치며 늘 배우려는 태도가 비슷하다고 생각했다. 이런 분들의 정치 활동을 곁에서 도우며 지역 정치에 대해 많은 것을 느끼고 배운 것은 내게 큰 행운이었다.

책의 저자 해거티는 현명한 정치인은 자기 주변 사람들에게 동기를 부여하고 자신감을 북돋을 줄 안다고 말했다. 내게는 대학원에서 정치학을 가르쳐주신 교수님, 그리고 지금 함께 살고 있는 가족이 그런 역할을 해주었다. 최장집 교수님은 정치학이 얼마나 어려운 학문인지 강조하시며, 그래서 더 열심히 읽고 쓰고 배워야 한다고 지금도 말씀하신다. 그 덕분에 나는 그나마 이 정도라도 정치와 학문의 중요성을 알게 되었다. 교수님의 가르침에 감사드리며 오랫동안 건강하시기를 바란다. 아내 용란에게는 내가 받은 것보다 더 많은 것을 주지 못해 늘 미안하고 또 고맙다. 이번 기회를 통해 다시 한번 사랑한다고 말하고 싶다. 중학교와 초등학교에 다니는 두 아들, 지호와 지성에게도 할 말이 있다. 미국의 케네디 대통령은 "엄마들은 모두 자기 자식이 대통령이 되기를 바라지만, 그러기 위해 정치인이 되는 것은 싫어한다"고 말한 적이 있다. 아빠는 너희가 이 나라의 대통령이 되는 것은 전혀 바라지 않는다. 그저 우리 공동체의 일원으로 책임감을 갖고 주변 사람들을 살피고 돌보는 일의 중요함을 잊지 않길 바랄 뿐이다. 혹여 그 일이 정치라고 생각한다면, 음… 엄마와 함께 상의해보자꾸나.